中职升学考试丛书

全新修订

汽车发动机构造与维修同步练习

QICHE FADONGJI GOUZAO YU WEIXIU TONGBU LIANXI

主　编　谭　晟　谭义宝

副主编　古先会　王　阳　崔发恒

参　编　李相楠　岳　凯　靖开泉　贺顺龙　刘　芳
　　　　刘　元　黄德发　李佳兰　方　经　李　昊
　　　　幸禹平　杨　浩　黄　莹　孔德均　凡仕彬

重庆大学出版社

图书在版编目(CIP)数据

汽车发动机构造与维修同步练习 / 谭晟,谭义宝主编. -- 重庆 : 重庆大学出版社, 2023.8(2025.8 重印)

(中职升学考试丛书)

ISBN 978-7-5689-3988-1

Ⅰ. ①汽… Ⅱ. ①谭… ②谭… Ⅲ. ①汽车—发动机—构造—中等专业学校—习题集—升学参考资料②汽车—发动机—车辆修理—中等专业学校—习题集—升学参考资料 Ⅳ. ①U47243-44

中国国家版本馆 CIP 数据核字(2023)第 112245 号

汽车发动机构造与维修同步练习

主 编 谭 晟 谭义宝

责任编辑:章 可 版式设计:章 可

责任校对:刘志刚 责任印制:赵 晟

*

重庆大学出版社出版发行

社址:重庆市沙坪坝区大学城西路 21 号

邮编:401331

电话:(023) 88617190 88617185(中小学)

传真:(023) 88617186 88617166

网址:http://www.cqup.com.cn

邮箱:fxk@cqup.com.cn (营销中心)

全国新华书店经销

重庆紫石东南印务有限公司印刷

*

开本:787mm×1092mm 1/16 印张:6.75 字数:149 千

2023 年 8 月第 1 版 2025 年 8 月第 5 次印刷

ISBN 978-7-5689-3988-1 定价:20.00 元

目录
contents

绪论

教学目标

1. 了解发动机零件的主要耗损形式。
2. 了解汽车发动机维护作业的原则、类别和内容。
3. 了解发动机的修理工艺，以及零件拆卸原则和清洗方法。
4. 了解零件机械加工修复方法。
5. 了解发动机故障及诊断。

教学目标项目表

知识要点	认知要求		
	了解	熟悉	掌握
1. 发动机零件的耗损形式			√
2. 发动机维护的定义	√		
3. 发动机维护作业的原则			√
4. 发动机维护作业的类别		√	
5. 发动机维护作业的内容			√
6. 发动机的修理工艺	√		
7. 发动机零件的拆装原则		√	
8. 发动机零件的清洗方法		√	
9. 发动机零件的机械加工修复方法		√	
10. 发动机故障		√	
11. 发动机故障诊断		√	

一、填空题

1. 发动机零件的耗损形式主要有__________、__________、__________、__________

四类,其中________是最主要的一种耗损形式。

2. 润滑和提高运动副中主要零件的表面________可以减小摩擦和磨损,提高零件的使用寿命。

3. 零件的加速磨损期的特征是配合零件间的________已经达到最大允许使用极限,零件的磨损量急剧增加。

4. 疲劳断裂是材料在________载荷作用下产生的疲劳裂纹萌生和发展而导致断裂的一种破坏现象。

5. 零件的________是发动机需要加以修理的主要原因。

6. 气缸的变形会严重影响发动机上有关零件的________关系。

7. 在修理作业中,通常采用________新的零件或________其中的一些重要零件,来恢复它们的配合特性和工作能力。

8. 发动机零件的机械加工修复方法有________法和________法。

9. 修理尺寸法的要点是同组的孔或轴的修理尺寸要按________最大的孔或轴来选择;同组的孔或轴的修理尺寸必须________;应先加工________或________最大的孔或轴。

10. 发动机诊断的基本方法是________和仪表检测法。

11. 镶套配合中相对过盈量为0.001 mm是________级。

12. 零件配合表面的加工精度和表面粗糙度直接影响镶套配合的________。

13. 重级和特重级过盈配合件,宜采用________装配法。

14. 镶套过盈量太大容易导致零件变形或________。

15. 镶套修复后零件容易松动和脱落是因为________。

二、单选题

1. 汽车的动力源是(　　)。

A. 底盘　　B. 发动机　　C. 车身　　D. 电气设备

2. 发动机的主要耗损形式是(　　)。

A. 磨损　　B. 腐蚀　　C. 疲劳　　D. 变形

3. 发动机大约有80%的零部件是由于(　　)而报废的。

A. 磨损　　B. 腐蚀　　C. 疲劳　　D. 变形

4. 零件在走合期的特征是零件(　　)较快。

A. 磨损　　B. 腐蚀　　C. 疲劳　　D. 变形

5. 下列不属于零件磨损周期的是(　　)。

A. 走合期　　B. 正常工作期　　C. 加速磨损期　　D. 破坏性磨损期

6. 下列措施不能防止金属零件表面腐蚀的是(　　)。

A. 镀铬　　B. 磷化　　C. 涂油　　D. 喷水

7. 下列不属于零件变形形式的是(　　)。

A. 弯曲　　B. 扭曲　　C. 折曲　　D. 翘曲

8. 下列不属于发动机的维护原则是(　　)。

A. 预防为主　　B. 定期检测　　C. 日常保养　　D. 强制维护

9. 下列不属于定期维护的是(　　)。

A. 日常维护　　B. 一级维护　　C. 二级维护　　D. 磨合维护

10. 下列不属于预防性维护的是(　　)。

A. 换季维护　　B. 磨合维护　　C. 事后维护　　D. 定期维护

11. 下列不属于零件拆卸顺序的是(　　)。

A. 先装的后拆　　B. 能不拆的就不拆

C. 后装的先拆　　D. 能同时拆的同时拆

12. 下列属于拆卸目的的是(　　)。

A. 拆是为了装　　B. 避免大拆大卸　　C. 能拆就拆　　D. 能同时拆就同时拆

13. 下列不属于零件油污清洗方法的是(　　)。

A. 有机溶剂清洗　　B. 酸洗

C. 化学合成水基金属清洗剂清洗　　D. 碱溶液清洗

14. 下列不属于发动机故障诊断的是(　　)。

A. 检查　　B. 测试　　C. 判断　　D. 研究

15. 根据相对过盈的大小,镶套配合分为四级,镶气门导管属于(　　)。

A. 轻级　　B. 中级　　C. 重级　　D. 特重级

三、判断题

1. 发动机零件的磨损规律有四个阶段。(　　)

2. 新的或大修竣工后的机器,其零件表面较粗糙,所以应按磨合规定以较大的载荷和较低的速度运行。(　　)

3. 零件在正常工作期的特征是零件的磨损量随行驶里程的增加而增长,但增长很缓慢。(　　)

4. 发动机大修时应对曲轴进行探伤检测。(　　)

5. 曲轴的裂纹与断裂多数是由于材料腐蚀引起的。(　　)

6. 滚动轴承的表面裂纹或局部剥落多数是由于材料的疲劳引起的。(　　)

7. 新车一般在运行 100 ~ 1 500 km 期间,零件磨损较快。(　　)

8. 发动机的维护是指为维持其完好技术状况和工作能力而进行的作业。(　　)

9. 发动机维护作业的内容是清洁、检查、补给、润滑、紧固和调整。(　　)

10. 发动机维护作业可分为预防性维护和事后维护两大类。(　　)

11. 发动机维护的周期是指进行同级维护的间隔期,一般以车辆行驶里程为依据。(　　)

12. 在发动机维护中,高级维护不包含低级维护的全部项目。(　　)

13. 发动机的修理级别分为小修和大修。(　　)

14. 发动机大修的工艺过程一般包括进厂检验、外部清洗、总成和零件的拆装、零件清洗、零件检验分类、零件修理、总成装配、总成试验、发动机总装及调试、出厂检验等。(　　)

15. “能不拆的就不拆,尽量避免大拆大卸”属于拆卸目的。(　　)

16. 可以用中性清除法清除零件水垢。(　　)

17. 可以用酒精来清洗零件油污。(　　)

18. 通过改变尺寸而使配合性质不变的修理方法称为修理尺寸法。(　　)

19. 修理尺寸法主要是通过机械加工的方法扩大(孔类零件)或缩小(轴类零件)至规定的尺寸,恢复其正确的几何形状和精度,然后更换相应的配合件。(　　)

20. 镶套过盈量太大容易松动和脱落。(　　)

21. 发动机部分或完全丧失工作能力的现象称为发动机损坏。(　　)

22. 当零件达到加速磨损期时,发动机还可以使用。(　　)

四、综合题

1. 零件的拆卸原则有哪些?

2. 零件的清洗方法有哪些?

第一章　汽车发动机总论

教学目标

1. 掌握发动机的基本结构、基本术语和工作原理。
2. 了解发动机的类型、总体构造和编号规则。
3. 了解发动机的主要性能指标。

教学目标项目表

知识要点	认知要求		
	了解	熟悉	掌握
1. 发动机的类型		√	
2. 发动机的基本结构、基本术语			√
3. 发动机的工作原理			√
4. 汽油发动机和柴油发动机的区别	√		
5. 发动机的总体构造		√	
6. 发动机的主要性能指标			√
7. 内燃机编号		√	

第一节　汽车发动机的类型及工作原理

一、填空题

1. 发动机在某一转速下发出的有效功率与相同转速下所能发出的最大有效功率的比值称为____________。

2. ____________越低，经济性越好。

3. 发动机在__________和标定转速下的工作状况称为标定工况。

4. 发动机每输出__________的有效功所消耗的燃油量称为有效燃油消耗率。

5. 发动机每一次将热能转变为机械能，都必须经过进气、压缩、做功、排气四个连续的过程，每进行一次这样的过程就称为一个__________。

6. 压缩比 ε 越大，则压缩终了时气缸内气体的__________和温度就越高。

7. 曲轴连杆轴颈的中心至曲轴主轴颈中心的距离称为__________。

8. 柴油机压缩比一般为__________。

9. 发动机按活塞的往复次数不同分为__________和__________。

10. 发动机按冷却方式不同分为__________和__________。

11. 发动机按气缸的排列形式分为__________、__________、__________。

12. 曲轴旋转__________，活塞__________才能完成一个工作循环的，称为二冲程发动机。

13. 活塞在__________时，活塞顶部以上的容积称为气缸总容积。

14. 在排气冲程时，__________打开，__________关闭，自身压力__________大气压。

15. 发动机曲轴都是按__________方向旋转。活塞上下止点间每移动一个冲程曲轴转过__________角，四冲程发动机完成一个工作循环，活塞移动四个冲程，曲轴转过__________。

16. 四冲程发动机完成一个工作循环包括四个冲程，依次称为__________冲程、__________冲程、__________冲程和__________冲程。

二、单选题

1. 多缸发动机各缸工作容积的总和称为(　　)。

A. 燃烧室容积　　B. 发动机排量

C. 气缸总容积　　D. 气缸工作容积

2. 发动机有效功率属于(　　)。

A. 经济性指标　　B. 可靠性指标

C. 动力性指标　　D. 环境指标

3. 四冲程发动机曲轴转动一周，活塞往复(　　)。

A. 一个冲程　　B. 两个冲程

C. 三个冲程　　D. 四个冲程

4. 气缸总容积与燃烧室容积之比称为(　　)。

A. 压缩比　　B. 负荷率　　C. 排量　　D. 行程

5. 下列不属于多缸发动机排列形式的是(　　)。

A. 直列式　　B. V 形　　C. 对置式　　D. 双 V 式

6. 已知发动机的 $D=100$ mm，$R=20$ mm，发动机单缸工作容积为(　　)。

A. 0.1π　　B. 0.25π　　C. 0.4π　　D. 1π

7. 汽油机的压缩比(　　)柴油机的压缩比。

A. 大于　　B. 小于

B. 等于　　D. 大于等于

8. 汽油机的最高燃烧压力(　　)柴油机的最高燃烧压力。

A. 高于　　B. 低于

C. 等于　　D. 低于或等于

9. 在工作循环中,汽油机的进气终了压力(　　)大气压力。

A. 高于　　B. 低于

C. 等于　　D. 低于或等于

10. 在工作循环中,汽油机的排气终了压力(　　)大气压力。

A. 高于　　B. 低于

C. 等于　　D. 低于或等于

11. 曲轴转两圈,活塞运动四个冲程完成一个工作循环的发动机称为(　　)发动机。

A. 一冲程　　B. 二冲程

C. 三冲程　　D. 四冲程

12. 曲轴转一圈,活塞运动两个冲程完成一个工作循环的发动机称为(　　)发动机。

A. 一冲程　　B. 二冲程

C. 三冲程　　D. 四冲程

13. 汽油机在进气冲程中吸入气缸的是(　　)。

A. 汽油　　B. 可燃混合气

C. 空气　　D. 氧气

14. 柴油机在压缩冲程中压缩的是(　　)。

A. 柴油　　B. 可燃混合气

C. 纯空气　　D. 氧气

15. 上止点是指活塞距离曲轴回转中心的(　　)。

A. 最近处　　B. 最远处　　C. 最高处　　D. 最低处

16. 下止点是指活塞距离曲轴回转中心的(　　)。

A. 最近处　　B. 最远处

C. 最高处　　D. 最低处

17. 四冲程发动机在进行压缩冲程时,进气门(　　),排气门(　　)。

A. 开启、关闭　　B. 开启、开启

C. 关闭、开启　　D. 关闭、关闭

三、判断题

1. 在进气冲程,活塞由曲轴带动从上止点移动到下止点。(　　)

2. 现代汽车大多数采用四冲程、多缸、水冷式汽油机或柴油机。(　　)

3. 活塞在上、下止点间每移动一个冲程,曲轴转过 180°角。(　　)

4. 在工作循环中,汽油机的排气终了压力小于大气压力。(　　)

5. 四冲程发动机在压缩冲程中进、排气门都是开启的。(　　)

6. 汽油机的组成部分有点火系统,而柴油机没有点火系统。(　　)

7. 曲轴转两圈,活塞运动四个冲程完成一个工作循环的发动机称为四冲程发动机。(　　)

8. 曲轴转两圈,活塞运动两个冲程完成一个工作循环的发动机称为二冲程发动机。(　　)

9. 汽油机在进气冲程中吸入气缸的是汽油和空气的混合气。(　　)

10. 柴油机在进气冲程中吸入气缸的是柴油和空气的混合气。(　　)

11. 四冲程发动机在做功冲程中进、排气门都是关闭的。(　　)

12. 进气冲程结束后,活塞继续在曲轴的带动下,从下止点向上止点运动,此时进、排气门均关闭。(　　)

13. 汽油机的压缩比小于柴油机的压缩比。(　　)

14. 发动机在某一时刻的运行状况简称工况。(　　)

15. 柴油发动机在压缩冲程活塞接近上止点时,火花塞产生电火花点燃混合气,并迅速燃烧。(　　)

16. 活塞在下止点时,活塞顶以上的容积称为发动机工作容积。(　　)

17. 活塞离凸轮轴回转中心最近处称为下止点。(　　)

18. 曲柄连杆机构的运动特点是活塞在气缸内的上下往复运动可以带动曲轴转动,曲轴的转动也可以带动活塞往复运动。(　　)

19. 多缸发动机各缸工作容积的总和称为发动机排量。(　　)

20. 柴油的黏度小于汽油的黏度。(　　)

21. 柴油不易蒸发,其自燃温度(约为 500 K)却比汽油高。(　　)

22. 汽油机和柴油机在排气冲程终了时压力基本相同,但汽油机温度比柴油机高。(　　)

四、综合题

1. 简述燃烧室容积、气缸工作容积、气缸总容积的定义。

2. 下图是往复活塞式内燃机的结构图。

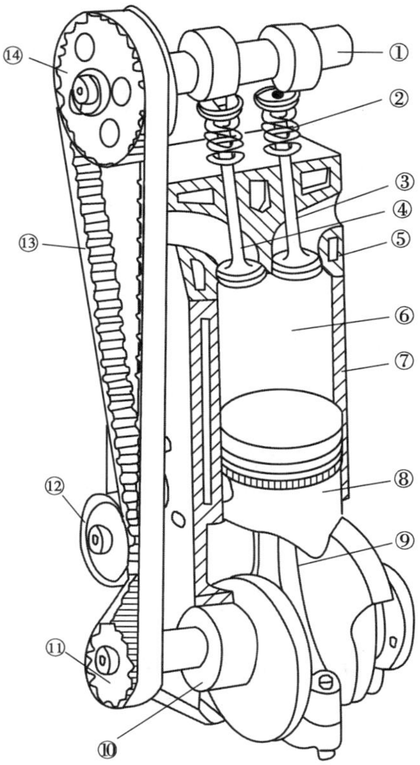

写出上图中序号对应的部件名称。

数字序号	名称
①	
②	
③	
④	
⑤	
⑥	
⑦	
⑧	
⑨	
⑩	
⑪	
⑫	
⑬	
⑭	

3. 四冲程汽油机和四冲程柴油机在工作循环方面的区别有哪些？

4. 简述活塞冲程、压缩比、气缸排量的含义。

第二节　发动机的总体构造

一、填空题

1. 各类发动机由____________机构、____________机构、____________系统、____________系统、____________系统、____________系统及排污净化装置和____________系统等组成。

2. 曲柄连杆机构主要由气缸体、____________、活塞、____________、曲轴、飞轮和油底壳等组成。

3. 冷却系主要由水泵、____________、风扇、____________、散热器等组成。

4. 配气机构主要由进气门、排气门、__________、__________、__________、凸轮轴和凸轮轴正时齿轮等组成。

5. 柴油机电控共轨燃油喷射系统主要由_________、燃油压力传感器、__________、__________、__________、__________等组成。

6. 进气增压装置主要由进气谐振增压系统、____________、中冷器等组成。

二、单选题

1. 下列不属于曲柄连杆机构组成部件的是(　　)。

A. 油底壳　　B. 飞轮

C. 摇臂机构　　D. 曲轴

2. 下列属于配气机构组成部件的是(　　)。

A. 凸轮轴　　B. 连杆总成

C. 活塞　　D. 气缸盖

3. 下列不属于发动机润滑系组成部件的是(　　)。

A. 集滤器　　B. 油道　　C. 水套　　D. 机油泵

4. 下列属于水冷系组成部件的是(　　)。

A. 节温器　　B. 机油散热器

C. 限压阀　　D. 旁通阀

5. 下列不属于电喷汽油机燃油系统组成部件的是(　　)。

A. 电动汽油泵　　B. 限压阀

C. 燃油压力调节器　　D. 喷油器

三、判断题

1. 柴油发动机装有点火系统。(　　)

2. 配气机构的作用是使新鲜气体适时充入气缸并及时从气缸排出废气。(　　)

3. 进气系统的作用是在排气冲程将可燃混合气或洁净的空气导入气缸。(　　)

4. 起动系的作用是使发动机从运动状态达到混合气燃烧做功所需要的转速。(　　)

5. 排污净化装置的作用是减少汽车污染物向大气中的排放量。(　　)

四、综合题

1. 汽油机冷却系的作用是什么?

2. 简述进气增压装置的组成部件及作用。

第三节　发动机的主要性能指标及编号规则

一、填空题

1. 发动机的主要性能指标包括__________、__________及__________等。

2. EQ6100-1 型汽油机，其中 EQ 表示__________，6 表示__________，100 表示__________。

3. 12V135Z 型柴油机，其中 12 表示__________，V 表示__________，135 表示__________，Z 表示__________。

4. 发动机在__________和标定转速下的工作状况称为__________。

5. 发动机的动力性指标包括__________、__________及__________。

6. 发动机的环境指标包括发动机__________和噪声水平。

二、单选题

1. 发动机每输出(　　)的有效功率所消耗的燃油量称为有效燃油消耗率。

A. 1 kW·h　　B. 1 kW/h　　C. 1 kg·h　　D. 1 kg/h

2. 发动机型号 YZ6102F 中 F 表示的是(　　)。

A. 增压　　B. 二冲程　　C. 风冷　　D. 汽车用

3. 发动机曲轴对外输出的功率为(　　)。

A. 有效功率　　B. 指示功率　　C. 最大功率　　D. 升功率

4. 发动机有效燃油消耗率的单位是(　　)。

A. L/(100 km)　　B. L/(100 t·km)　　C. g/(kW·h)　　D. g/kW

5. 发动机曲轴对外输出的转矩为(　　)。

A. 输出转矩　　B. 有效转矩　　C. 最大转矩　　D. 升转矩

6.《内燃机产品名称和型号编制规则》规定内燃机型号由(　　)部分组成。

A. 一　　B. 二　　C. 三　　D. 四

7. 发动机曲轴(　　)的回转数称为发动机转速。

A. 每秒钟　　B. 每分钟　　C. 每小时　　D. 每毫秒

8. 发动机的有效功率随着(　　)的不同而改变。

A. 转矩　　B. 转速　　C. 功率　　D. 温度

9. 发动机有效转矩的单位是(　　)。

A. g/(kW·h)　　B. Pe　　C. Me　　D. N·M

10. 有效功率等于有效转矩与曲轴角速度(　　)。

A. 相乘　　B. 相除　　C. 相加　　D. 相减

三、判断题

1. 发动机型号 YZ6102Q 所表示的是一种增压柴油机。(　　)

2. 发动机曲轴对外输出的功率称为有效功率。(　　)

3. 发动机型号 CA6102 所表示的是一汽集团生产、六缸、四冲程、缸径 12 mm、水冷式发动机。(　　)

4. 发动机型号 1E65F 所表示的是一种二冲程水冷发动机。(　　)

5. 发动机型号 BJ492Q 所表示的是一种汽车用的发动机。(　　)

6. 有效燃油消耗率越高,经济性越好。(　　)

7. 发动机所能输出的最小有效转矩及其相应的转速是评价发动机动力性的一个指标。(　　)

8. 发动机铭牌上标明的功率及相应转速称为标定功率和标定转速。(　　)

9. 发动机曲轴每分钟的回转数称为发动机转速。(　　)

10. 发动机的有效转矩不变时,转速越高,有效功率越小,反之则大。(　　)

四、综合题

1. 简述发动机有效燃油消耗率的概念。

2. 简述发动机标定工况的概念。

第二章　曲柄连杆机构的构造与维修

教学目标

1. 了解曲柄连杆机构的组成及受力分析。

2. 掌握机体组、活塞连杆组、曲轴飞轮组和平衡机构等主要部件的构造和装配连接关系。

3. 掌握曲柄连杆机构主要零部件的检测和维修方法。

4. 掌握曲柄连杆机构的装配与调整的方法及要求。

5. 了解曲柄连杆机构常见异响的故障诊断与排除方法。

教学目标项目表

知识要点	认知要求		
	了解	熟悉	掌握
1. 曲柄连杆机构的组成	√		
2. 曲柄连杆机构的工作条件及受力分析	√		
3. 气缸体与气缸套的相关知识			√
4. 气缸盖与气缸垫的相关知识			√
5. 油底壳的相关知识		√	
6. 活塞的相关知识			√
7. 活塞环的相关知识			√
8. 活塞销的相关知识		√	
9. 连杆的相关知识		√	
10. 连杆轴瓦的相关知识		√	
11. 曲轴的相关知识		√	
12. 主轴瓦的相关知识		√	
13. 扭转减震器的相关知识			√

续表

知识要点	认知要求		
	了解	熟悉	掌握
14. 飞轮的相关知识			√
15. 发动机支撑	√		
16. 平衡机构	√		
17. 气缸体的修理			√
18. 气缸盖的修理			√
19. 飞轮壳的修理			√
20. 活塞连杆组的修理			√
21. 曲轴飞轮组的修理			√
22. 发动机故障的类别	√		
23. 主轴瓦响的故障现象与排除方法		√	
24. 连杆轴瓦响的故障现象与排除方法		√	
25. 活塞敲缸响的故障现象与排除方法		√	
26. 活塞销响的故障现象与排除方法		√	
27. 曲轴箱窜气量和气缸漏气率的检测	√		

第一节　曲柄连杆机构的构造和工作原理

一、填空题

1. 曲柄连杆机构分为____________、____________和____________三个部分。

2. 机体组包括____________、____________、____________、____________、____________等。

3. 活塞连杆组包括____________、____________、____________、____________等。

4. 曲轴飞轮组包括____________、____________、____________等。

5. 曲柄连杆机构是在____________、____________、____________、____________的条件下工作。

6. 曲柄连杆机构的受力有____________、____________、____________、____________、____________。

7. 气缸形式有____________和____________两种。

8. 气缸套分为____________和____________两种。____________缸套不直接与冷

却水接触，壁厚一般为＿＿＿＿＿＿mm；＿＿＿＿＿＿缸套则与冷却水直接接触，壁厚一般为＿＿＿＿＿＿mm。

9. 气缸套装入座孔后，通常顶面应高出＿＿＿＿＿＿上平面＿＿＿＿＿＿mm。

10. 气缸套全部装入座孔后，应用＿＿＿＿＿＿检查密封处是否＿＿＿＿＿＿，以确保装配质量。

11. 安装气缸盖时，紧固气缸盖螺栓按由＿＿＿＿＿＿到＿＿＿＿＿＿的顺序，分几步逐步拧到＿＿＿＿＿＿。拆卸时的顺序与安装＿＿＿＿＿＿，但也是分几次逐步＿＿＿＿＿＿。

12. 燃烧室形状有＿＿＿＿＿＿、＿＿＿＿＿＿、＿＿＿＿＿＿。

13. 气缸垫用来保证＿＿＿＿＿＿与＿＿＿＿＿＿接合面之间的密封，防止＿＿＿＿＿＿、＿＿＿＿＿＿和＿＿＿＿＿＿。

14. 气缸垫安装时应使卷边一面朝向＿＿＿＿＿＿或＿＿＿＿＿＿的平面。

(1)气缸盖和气缸体同为铸铁时，卷边应朝向＿＿＿＿＿＿。

(2)采用铝合金气缸盖、铸铁气缸体，卷边应朝向＿＿＿＿＿＿。

(3)气缸盖、气缸体同为铝合金时，卷边应朝向＿＿＿＿＿＿。

15. 油底壳的主要作用是贮存机油并封闭＿＿＿＿＿＿。

16. 稳油挡板的作用是防止汽车行驶时油面波动＿＿＿＿＿＿。

17. 永久磁铁的作用是吸集机油中的铁屑，起到＿＿＿＿＿＿机油的作用。

18. 活塞的主要作用是与＿＿＿＿＿＿、＿＿＿＿＿＿等共同组成燃烧室，承受气缸中气体压力并通过＿＿＿＿＿＿和＿＿＿＿＿＿传给曲轴。

19. 活塞是＿＿＿＿＿＿材料制成的，活塞的基本结构分为＿＿＿＿＿＿、＿＿＿＿＿＿、＿＿＿＿＿＿，其中＿＿＿＿＿＿和＿＿＿＿＿＿也统称为头部。

20. 四冲程汽油机活塞顶部多采用＿＿＿＿＿＿。

21. 汽油机活塞一般有＿＿＿＿＿＿道环槽，其中最下面的一道是＿＿＿＿＿＿，其余是＿＿＿＿＿＿。

22. 活塞裙部断面制成＿＿＿＿＿＿垂直于活塞销座孔轴线方向的＿＿＿＿＿＿。

23. 活塞必须做成直径＿＿＿＿＿＿近似＿＿＿＿＿＿。

24. 在垂直于活塞销座孔轴线方向上，裙部下端与上端的＿＿＿＿＿＿差的一半称为活塞裙部的圆柱度。

25. 裙部＿＿＿＿＿＿椭圆形截面长、短轴之差的一半称为活塞裙部的圆度。

26. 有的汽油机在活塞受侧压力较小的一侧有＿＿＿＿＿＿，横槽称为＿＿＿＿＿＿，作用是＿＿＿＿＿＿裙部受热，竖槽称为＿＿＿＿＿＿，作用是防止＿＿＿＿＿＿受热后胀死在气缸中。

27. 为减小＿＿＿＿＿＿，有的活塞在销座孔中镶铸了线膨胀系数仅为铸铝的十分之一的＿＿＿＿＿＿。

28. 活塞销座孔轴线向＿＿＿＿＿＿中受侧压力＿＿＿＿＿＿的一侧偏移 1 ~ 2 mm。

29. 活塞环的作用：__________、__________、__________、__________，其中气环的作用：__________、__________，油环的作用：__________、__________。

30. 活塞装入气缸后其两端之间应有__________，又称__________，与环槽间应有__________与__________。

31. 活塞环是在__________、__________、__________、__________的条件下工作的。

32. 气环的断面形式有__________、__________、__________、__________、__________、__________。为了__________、__________、__________及__________，发动机广泛采用了__________的扭曲环。

33. 扭曲环的安装具有方向性：内圆切槽的环槽口应__________；外圆切槽的环槽口应__________；两种切槽的环都有，其中内圆切槽的环为__________。为避免装反，锥面环在环端上侧面标有__________或__________等字样。

34. 常见的油环有__________和__________两种结构形式。

35. 活塞销的作用是连接__________与__________，并在二者之间起到传力的作用。

36. 活塞销与活塞销座孔及连杆小头的连接方式有__________和__________。

37. 连杆的作用是连接__________与__________，并在二者之间起到传力和转换运动的作用。连杆主要由__________、__________和__________三部分组成。

38. 连杆大头的切口分为__________和__________两种形式。

39. 斜切口连杆常用的定位方法有__________、__________、__________等，其中以__________应用最广。

40. V 型发动机连杆布置形式有__________、__________、__________。

41. 连杆螺栓必须按__________分__________均匀地拧紧。

42. 在维修作业中，校正__________曲轴弯曲时应特别注意其变形量不能过大，以防断裂。

43. 曲轴由__________、__________、__________、__________、__________、__________等构成。

44. 曲轴的一个__________和它两端的__________及主轴颈构成一个曲拐。

45. 全支承曲轴是主轴颈总数比连杆轴颈__________的曲轴。

46. 非全支承曲轴是主轴颈总数__________连杆轴颈的曲轴。

47. 曲轴的轴向窜动会破坏曲柄连杆机构各零件的正确相对位置，故必须用__________加以限制，而在曲轴受热膨胀时，又应允许它能自由伸长，所以曲轴只能有一处设置__________。

48. 直列六缸四冲程发动机的发火间隔角为__________。

49. 八缸四冲程发动机的发火间隔角为__________。

50. 随着转速变化，当连杆作用在曲轴上的扭转外力的变化频率与曲轴自振频率成整数倍关系时，便出现____________现象。

51. 发动机常见的扭转减震器有____________、____________、____________三种类型。

二、单选题

1. 为了增强连杆抵抗变形的能力，将其断面制成(　　)。

A. “人”字形　　B. “大”字形

C. “工”字形　　D. “品”字形

2. 湿式气缸套装入座孔后，其顶面应高出气缸体上平面(　　)。

A. 0.05 ~ 0.15 mm　　B. 0.1 ~ 0.15 mm

C. 0.15 ~ 0.25 mm　　D. 0.2 ~ 0.25 mm

3. 活塞的最大磨损部位一般是(　　)。

A. 头部　　B. 裙部　　C. 顶部　　D. 环槽部

4. 气缸垫的材质较多，目前应用较多的是(　　)。

A. 金属　　B. 石棉

C. 铝合金　　D. 金属—石棉

5. 四冲程汽油机活塞顶部多采用(　　)。

A. 凹顶　　B. 平顶　　C. 凸顶　　D. 螺旋顶

6. 活塞裙部断面制成长轴垂直于活塞销座孔轴线方向的(　　)。

A. 圆形　　B. 锥形

C. 椭圆形　　D. 三角形

7. 活塞销座孔轴线向做功冲程中受侧压力较大的一侧偏移(　　)。

A. 1 ~ 2 mm　　B. 2 ~ 3 mm

C. 3 ~ 4 mm　　D. 4 ~ 5 mm

8. 扭曲环在安装时，内圆切槽的环槽口应(　　)。

A. 向下　　B. 向左　　C. 向右　　D. 向上

9. 活塞销与活塞销座孔在装配时，应采用(　　)。

A. 加热装配　　B. 温差装配

C. 冷态装配　　D. 过渡装配

10. 直列四缸四冲程发动机的发火间隔角为(　　)。

A. 90°　　B. 180°　　C. 45°　　D. 60°

11. 下列不属于曲轴飞轮组部件的是(　　)。

A. 主轴瓦　　B. 平衡重

C. 扭转减震器　　D. 凸轮轴

12. 活塞一般采用的材料是(　　)。

A. 铸铁　　B. 合金钢　　C. 铝合金　　D. 低碳钢

13. 用于储存发动机机油并封闭曲轴箱的装置是(　　)。

A. 气缸　　B. 机油滤清器

C. 气门室　　D. 油底壳

14. 下列不属于机体组部件的是(　　)。

A. 曲轴　　B. 气缸垫

C. 气缸体　　D. 气缸盖

15. 用来保证气缸体与气缸盖结合面密封的部件是(　　)。

A. 活塞　　B. 连杆

C. 主轴瓦　　D. 气缸垫

16. 下列属于曲柄连杆机构部件的是(　　)。

A. 凸轮　　B. 气门　　C. 摇臂　　D. 连杆

17. 下列发动机各部件中能够产生离心力的是(　　)。

A. 活塞　　B. 气缸体

C. 气缸盖　　D. 飞轮

三、判断题

1. 当连杆弯、扭变形并存时,应先校弯后校扭。(　　)

2. 曲轴的轴向定位装置至少设置两处。(　　)

3. 各种形式曲轴的曲拐数都与气缸数相同。(　　)

4. 活塞裙部膨胀槽一般开在受侧压力较小的一面。(　　)

5. 采用全浮式连接的活塞销,在发动机工作时,活塞销能在连杆衬套孔和活塞销座孔中自由转动,以使活塞销外表面的磨损比较均匀。(　　)

6. 为了气缸的密封性,干式缸套在装入气缸体以后,应使气缸套顶面与气缸体上平面平齐。(　　)

7. 半球形燃烧室是低速发动机的典型燃烧室。(　　)

8. 发动机飞轮与曲轴装配后要进行动平衡试验。(　　)

9. 气缸体的下半部又称为上曲轴箱。(　　)

10. 润滑和提高零件表面硬度可减小零件的磨损。(　　)

四、综合题

1. 当活塞环磨损失效后会造成什么样的危害?

2. 下图是气缸结构图。

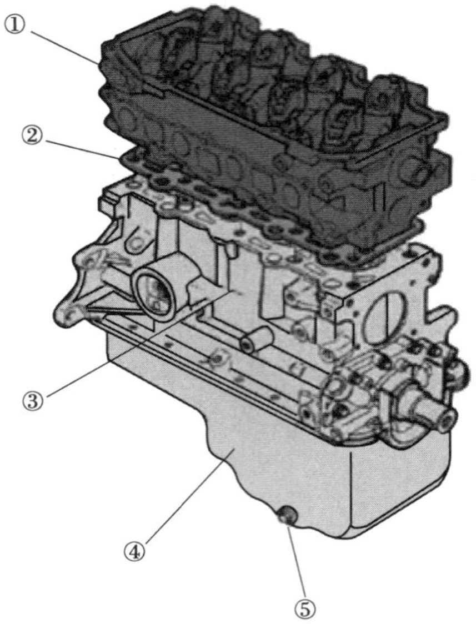

请从上图找出零件名称对应的数字序号，填写在表中对应位置。

名称	数字序号
气缸体	
气缸盖	
气缸垫	
油底壳	
机油排放塞	

3. 下图是发动机曲轴飞轮和发动机活塞连杆组的结构图。

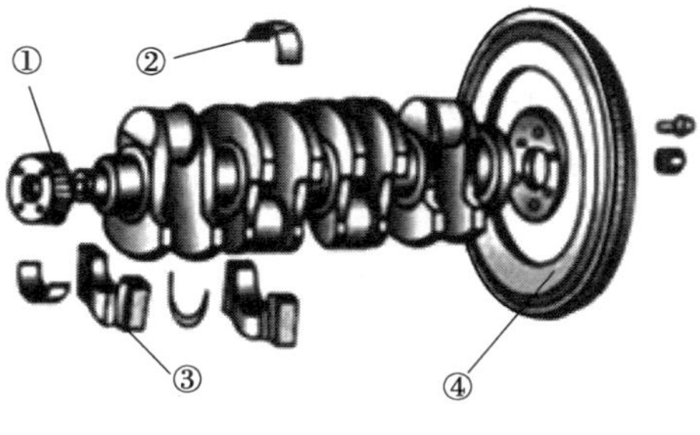

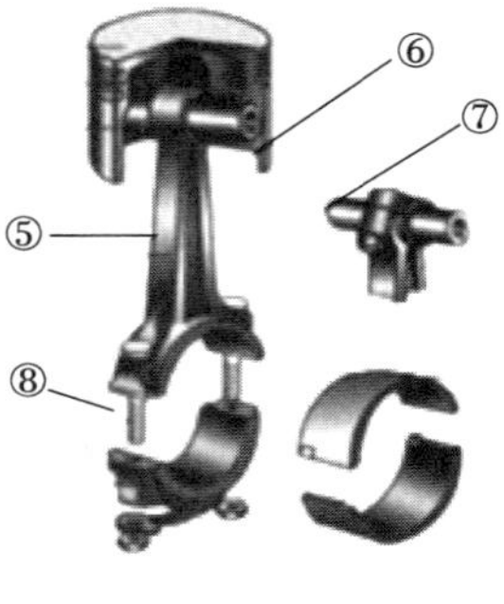

写出上图中数字序号对应的零件名称。

数字序号	名称
②	
④	
⑤	
⑥	
⑦	

第二节　曲柄连杆机构的维修

一、填空题

1. ____________的技术状况是发动机是否需要进行总成修理的决定性标志。

2. 气缸体的主要损耗形式有____________、____________、____________、____________等。

3. 气缸的磨损是____________的，正常磨损的特点是在气缸轴线方向上呈____________的不规则锥形磨损。在第一道活塞环上止点____________处磨损量最大，而活塞环上止点以上的缸壁几乎没有磨损，因此在两者之间形成一个明显的____________。

4. 一般是以气缸的____________作为发动机是否需要大修的主要依据。

5. 测量气缸磨损时，必须测量包括气缸最大磨损断面在内的活塞全行程内的____________、____________、____________三个断面；每个断面必须测量发动机____________和____________两条直径。

6. 气缸体变形的原因是多方面的，其中有____________方面的原因，也有使用和修理不当方面的原因。

7. 气缸体和气缸盖密封平面的变形，会造成气缸密封不严：____________、____________，甚至燃气冲坏气缸垫。

8. 干式气缸套安装后，上端面应与气缸体上平面____________，湿式气缸套安装后，上端面应高于缸体上平面。

9. 气缸套装入后应进行____________试验。

10. 气缸盖的主要耗损是____________和____________。

11. 活塞的最大磨损部位是活塞____________的磨损，特别是____________的磨损最为严重。

12. 当活塞裙部与缸壁间隙过大时，使活塞运动的____________变差，发动机工作时会发生____________现象。

13. 在更换新活塞环时，如果缸壁上磨出的缸肩未刮去也往往会撞断____________。

14. 活塞环的三隙检查包括____________、____________、____________。

15. 活塞销的主要耗损形式是____________和____________。

16. 活塞销除标准尺寸外，通常还有四级加大的修理尺寸：____________mm、____________mm、____________mm、____________mm。

17. 连杆变形的检验设备是____________。

18. 活塞连杆组的零件在组装前应把零件清洗干净，并用____________吹干。

19. 衬套与连杆小端孔用____________连接,过盈量一般为____________mm。

20. 通常活塞和连杆的结构都是____________的,所以在发动机上有一定的安装方向。

21. 活塞环在安装时,其开口应____________。

22. 主轴颈和连杆轴颈在径向的最大磨损部位发生在它们____________的一侧。

23. 曲轴的扭曲变形改变了各缸间的____________,影响发动机的配气正时和点火正时。

24. 曲轴的修理主要指变形的____________及轴颈的____________。

25. 曲轴清洗后,应首先用目测、磁力探伤或浸油敲击法检查圆角处有无横向裂纹,一经发现横向裂纹,曲轴即应____________。

26. 轴瓦耗损的主要形式是磨损和____________。

27. 二级维护时,应检查____________,当其接近或超过限值时,即应更换轴瓦。发动机大修时应更换____________。

28. 轴向间隙过大会引起气缸、主轴承和连杆轴承的异常磨损,甚至黏结咬死。因此,在二级维护时应检查曲轴的____________。

29. 在更换飞轮或齿圈、离合器压盘或总成及修整飞轮工作平面之后,都应重新进行组件的____________试验。

30. 在检查扭转减震器时,若发现减震器的内环与外环之间的____________脱层,内外环出现相对____________,两者的装配记号相错,说明扭转减震器已丧失工作能力应予更换。

二、单选题

1. 发动机在低温下工作时,气缸的主要磨损原因是(　　)。

A. 黏着磨损　　B. 腐蚀磨损

C. 机械磨损　　D. 磨料磨损

2. 在爆震和润滑能力差的情况下,气缸的主要磨损原因是(　　)。

A. 黏着磨损　　B. 腐蚀磨损

C. 机械磨损　　D. 磨料磨损

3. 环槽的磨损极限一般不大于(　　)。

A. 0.15 mm　　B. 0.05 mm　　C. 0.20 mm　　D. 0.30 mm

4. 活塞环的主要损耗形式不包括(　　)。

A. 磨损　　B. 弹性减弱

C. 腐蚀　　D. 折断

5. 下列不属于活塞环检验项目的是(　　)。

A. 漏光度　　B. 耐压等级

C. 弹力　　D. 三隙

6. 用于测量气缸直径的量具是(　　)。

A. 塞尺　　B. 直尺

C. 量块　　D. 量缸表

7. 关于发动机气缸磨损的特点,下列描述错误的是(　　)。

A. 气缸磨损不均匀

B. 在断面上呈不规则的菱形磨损

C. 在气缸轴线方向上呈上大下小的不规则锥形磨损

D. 在第一道活塞环上止点顶边稍下处磨损最大

三、判断题

1. 气缸磨损量最大的地方一般位于活塞环上止点的上方。(　　)

2. 各个气缸的磨损程度是不一致的,通常是位于发动机两端的气缸磨损量比中部的气缸略大。(　　)

3. 当气缸磨损超过允许的限度时,必须修理气缸或更换新的气缸套。(　　)

4. 湿式气缸套安装后上一般应高出缸体平面0.05 ~0.15 mm。(　　)

5. 活塞连杆组件的选配和装配质量对发动机的性能和使用寿命有重要影响。(　　)

6. 当活塞裙部与缸壁间隙过大时,使活塞运动的导向作用变差,发动机工作时会发生拉缸现象。(　　)

7. 标准尺寸的气缸和活塞选用标准活塞环,加大尺寸的气缸和活塞选用同一修理尺寸等级的活塞环。(　　)

8. 连杆变形的检验和校正是发动机修理中的一个重要项目。(　　)

9. 更换活塞销时必须更换连杆衬套。(　　)

10. 连杆小头放入活塞内腔进行组装时,要特别注意两者的缸序和安装方向不得错乱。(　　)

11. 曲轴主轴颈的磨损一般比连杆轴颈严重。(　　)

12. 曲轴清洗后,应首先用目测、磁力探伤或浸油敲击法检查圆角处有无横向裂纹,如果发现横向裂纹,可以在维修后继续使用。(　　)

13. 发动机气缸的磨损是均匀的。(　　)

四、综合题

1. 造成活塞拉缸的主要原因是什么?

2. 活塞环三隙检查的一般规律是什么？

第三节 曲柄连杆机构的常见故障诊断与排除

一、填空题

1. 发动机的故障可分为三类：____________、____________和____________。柴油机以____________为主，汽油机油、电路故障均常见。

2. 机械故障主要发生在____________和____________，大多数是以____________的形式表现出来的。

3. 气缸活塞组磨损或出现其他损伤后，其__________会下降，表现为____________、____________、____________。

4. 主轴瓦响的时候，会发出____________的声响，并伴随气缸体产生抖动。

5. 连杆轴瓦响的时候，会发出____________的声响，中速运转时，响声比较明显，当突然加速时，响声随之增大。

6. 活塞敲缸响的时候，发动机在怠速或者低、中速运转时，在气缸上部发出清晰、明显、有规律的____________的声响，中速以上一般减弱或消失。在高温、高速运转时，会发出____________的连续不断且有节奏的响声。

7. 活塞销响的时候，发动机在怠速或低速时，在气缸上部可以听到尖锐、清脆的____________的声响。

8. 一般新发动机曲轴箱的窜气量为____________L/min。

9. 气缸活塞组正常的漏气率为____________，不得大于____________。

10. 气缸漏气率测量时应听察漏气的响声，判断漏气的部位。若散热器加水口或相邻两缸火花塞孔处有漏气，表明____________漏气，若空气滤清器漏气，表明____________不密合，若机油加注口部位漏气，表明____________密封不良。

二、单选题

1. 下列哪一项不属于发动机的故障分类？（　　）

A. 电路故障　　B. 油路故障
C. 气路故障　　D. 机械故障

2. 下列哪一项不属于曲柄连杆机构的常见故障?(　　)
A. 主轴瓦异响　　B. 连杆轴瓦异响
C. 活塞销异响　　D. 曲轴异响

3. 主轴瓦发生异响时会发出(　　)的响声。
A. 嗒嗒　　B. 嘎嘎　　C. 噔噔　　D. 当当

4. 活塞销发生异响时会发出(　　)的响声。
A. 嗒嗒　　B. 嘎嘎　　C. 噔噔　　D. 当当

5. 连杆轴瓦发生异响时会发出(　　)的响声。
A. 嗒嗒　　B. 嘎嘎　　C. 噔噔　　D. 当当

6. 气缸活塞组磨损后不会出现的现象是(　　)。
A. 发动机排放增加　　B. 曲轴箱窜气量增多
C. 发动机功率不足　　D. 油耗增加

三、判断题

1. 机械故障在汽油机和柴油机中都比较常见。(　　)
2. 通过对异响的诊断,可以判断故障发生的部位。(　　)
3. 活塞敲缸的响声和发动机的转速有关,和温度无关。(　　)
4. 活塞销的异响会随着发动机转速的升高而增大。(　　)
5. 发动机连杆轴瓦的异响和发动机的温度无关。(　　)

四、综合题

1. 曲柄连杆机构的常见机械故障有哪几种?

2. 气缸活塞组的密封性能通过哪些检测进行诊断?

第三章　配气机构的构造与维修

教学目标

1. 了解配气机构的作用、组成、工作过程、布置形式及驱动方式。
2. 了解配气定时及可变配气定时机构。
3. 掌握配气机构主要零部件的构造、工作原理及装配关系。
4. 掌握配气机构的拆装要点。
5. 掌握气门间隙的调整方法。
6. 掌握配气机构主要零部件的检测和维修方法。
7. 掌握配气机构常见故障的原因及诊断与排除方法。

教学目标项目表

知识要点	认知要求		
	了解	熟悉	掌握
1. 配气机构的作用和组成			√
2. 配气机构的工作过程			√
3. 配气机构的布置形式及驱动方式			√
4. 气门间隙的相关知识		√	
5. 配气定时的相关知识	√		
6. 气门组的相关知识			√
7. 气门传动组的相关知识			√
8. 配气机构的拆装要点			√
9. 气门间隙的调整			√
10. 气门组零件的检修			√
11. 气门传动组零件的检修			√
12. 配气机构常见故障的类别	√		

续表

知识要点	认知要求		
	了解	熟悉	掌握
13. 气缸压缩压力不足的原因及影响		√	
14. 气缸压缩压力的检测		√	
15. 进气管真空度的检测		√	
16. 气门响的诊断方法		√	

第一节　配气机构的构造和工作原理

一、填空题

1. 配气机构的作用是按照发动机各缸的____________和每一气缸____________的要求，定时____________各气缸的进、排气门。

2. 要求配气机构的气门要____________、____________、____________。

3. 配气机构由____________和____________组成。

4. 气门组主要包括____________、____________、____________、____________、____________、____________、____________等组成。

5. 气门传动组主要由____________、____________、____________、____________、____________、____________等组成。

6. 四冲程发动机每完成一个____________，各缸的进、排气门需要____________，即需要凸轮轴转过____________，而曲轴需要转过____________。

7. 凸轮轴转速与曲轴转速之比为____________。

8. 为了进气充分，进气门的直径都比排气门的直径____________。

9. 按每缸的气门数，可分为____________、____________、____________、____________。

10. 按凸轮轴的位置，可分为____________、____________、____________。

11. 按曲轴到凸轮轴的传动方式，可分为____________、____________、____________。

12. 在凸轮基圆面到气门杆端之间留有供机件热膨胀所用的____________，以确保气门____________，称为气门间隙。

13. 凸轮轴下置的配气机构多采用__________传动。

14. 链传动又分为____________和____________。

15. 以____________表示进、排气门开、闭时刻及开启的____________，称为配气定时。

16. α 称为____________，一般 α = ____________。

17. β 称为____________,一般 β = ____________。

18. γ 称为____________,一般 γ = ____________。

19. δ 称为____________,一般 δ = ____________。

20. 排气冲程上止点附近出现了进、排气门____________的现象称为气门重叠角。

21. 可变配气定时结构多样,可以归纳为两类:一类既可改变____________,也可同时改变____________,另一类只改变____________。

22. 可变配气定时机构能根据发动机转速的高、低,自动转换高、低速来驱动____________,由于高低速凸轮的轮廓不同,在改变____________的同时,也就改变了____________。

23. 气门分为____________和____________两种,其作用是____________进、排气道。

24. 气门由____________和____________两部分构成。____________用来封闭进、排气道,____________用来在气门开闭过程中起____________。

25. 气门锥角一般为____________,有的进气门锥角做成____________。

26. 气门导管是为气门的往复直线运动起____________作用,使____________准确贴合。另外气门导管还在气门杆与气缸盖之间起____________作用。

27. 气门弹簧的作用是____________气门,并使气门____________在气门座上,防止气门在发动机振动时发生____________。

28. 气门传动组的作用是使进、排气门按____________规定的时刻开闭,并保证有足够的____________。

29. 凸轮轴轴承和轴颈采用____________润滑,凸轮与挺柱之间采用____________润滑。

30. 在安装凸轮轴总成时,应将____________齿轮和____________齿轮上的正时记号对准,以保证正确的气门定时。

31. 挺柱的作用是将凸轮轴的推力传给____________或____________。

32. 为了解决气门间隙所引起的冲击和噪声,越来越多的发动机采用了长度可以变化的____________,从而取消了气门间隙。

33. 气门摇臂是一个以____________为支点的____________杠杆。

二、单选题

1. 下述各零件不属于气门传动组的是(　　)。

A. 气门弹簧　　B. 挺柱

C. 摇臂轴　　D. 凸轮轴

2. 四冲程发动机在进行压缩行程时,进气门(　　),排气门(　　)。

A. 开、开　　B. 开、关

C. 关、开　　D. 关、关

3. 下述各零件不属于气门组的是(　　)。

A. 气门弹簧　　B. 气门座

C. 摇臂轴　　D. 气门导管

4. 进、排气门在排气上止点时,(　　)。

A. 进气门开,排气门关　　B. 排气门开,进气门关

C. 进、排气门全关　　D. 进、排气门叠开

5. 一般进气门的气门间隙为(　　)。

A. 0.25 ~ 0.30 mm　　B. 0.3 ~ 0.35 mm

C. 0.35 ~ 0.45 mm　　D. 0.45 ~ 0.50 mm

6. 气门重叠角应为(　　)。

A. $\alpha+\beta$　　B. $\gamma+\delta$

C. $\alpha+\delta$　　D. $\alpha+\gamma$

7. 曲轴与凸轮轴之间的传动比为(　　)。

A. 2∶1　　B. 1∶2

C. 1∶1　　D. 4∶1

8. 摇臂的两端臂长是(　　)。

A. 等臂的　　B. 靠气门端较长

C. 靠推杆端较长　　D. 不确定

9. 发动机由曲轴到凸轮轴的传动方式有(　　)种。

A. 2　　B. 3　　C. 5　　D. 4

10. 进、排气门在压缩上止点时,(　　)。

A. 进气门开,排气门关　　B. 排气门开,进气门关

C. 进、排气门全关　　D. 进、排气门叠开

11. 气门间隙过小,会导致(　　)。

A. 气门关闭不严　　B. 进气不充分

C. 排气不彻底　　D. 气门不易打开

12. 气门重叠时,下面说法正确的是(　　)。

A. 进气门开启,排气门关闭　　B. 进、排气门同时开启

C. 进气门关闭,排气门开启　　D. 进、排气门同时关闭

13. 进气门开启时间所对应的曲轴转角为(　　)。

A. α　　B. 180°

C. β　　D. $\alpha+180°+\beta$

14. 在气门关闭过程中起导向作用的气门结构是(　　)。

A. 气门顶部　　B. 气门头

C. 气门导管　　D. 气门座

15. 用来关闭空气进入发动机气缸通道的部件是(　　)。

A. 凸轮　　B. 凸轮轴
C. 排气门　　D. 进气门

16. 凸轮轴正时齿轮齿数是曲轴正时齿轮齿数的(　　)。
A. 一倍　　B. 两倍
C. 三倍　　D. 四倍

17. 下列不属于配气机构部件的是(　　)。
A. 凸轮轴　　B. 曲轴
C. 气门　　D. 气门座

18. 为防止过多的机油从气门杆与气门导管的间隙处流入燃烧室,在气门杆上装有(　　)。
A. 气门油封　　B. 气门弹簧　　C. 气门锁片　　D. 气门弹簧座

19. 下列属于气门传动组部件的是(　　)。
A. 进气门　　B. 气门弹簧　　C. 气门导管　　D. 摇臂

三、判断题

1. 汽车发动机配气机构的传动件有链条、齿轮、同步带三种。(　　)
2. 气门组件是配气机构的驱动组件。(　　)
3. 进气门的头部直径通常要比排气门的头部直径大。(　　)
4. 凸轮轴的转速比曲轴的转速快一倍。(　　)
5. 配气机构是由气门组和气门传动组组成的。(　　)
6. 为了挺柱的底面和柱面磨损均匀,应使挺柱在移动的同时能够旋转。(　　)
7. 凸轮轮廓曲线的形状和尺寸决定了气门的升程及其升降过程的运动规律。(　　)
8. 采用了液力挺柱以后,气门间隙仍需要调整。(　　)
9. 为了获得较大的充气系数,一般发动机进气门锥角大多为30°。(　　)
10. 气门间隙过大、过小会影响发动机配气相位的变化。(　　)
11. 配气机构的气门应关闭严密,开闭及时,开度足够。(　　)
12. 研配好的气门可以互换。(　　)
13. 气门弹簧多采用等距弹簧。(　　)
14. 挺柱常见的形式有筒式和滚轮式两种。(　　)
15. 气门重叠角过大,会出现气流倒流的现象。(　　)

四、综合题

1. 气门早开迟闭的意义是什么?

2. 下图是气门构造图。

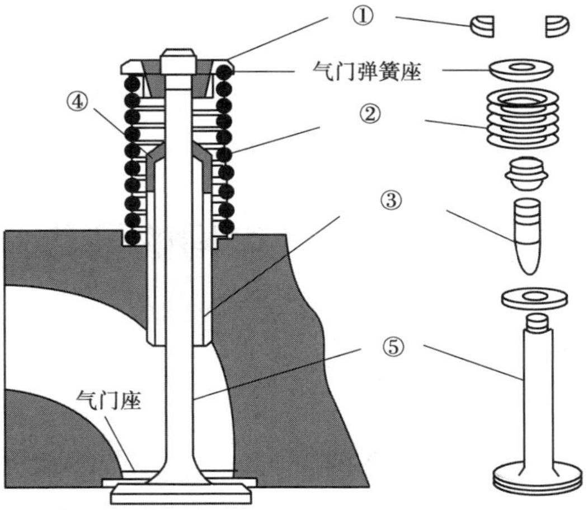

请从上图找出零件名称对应的数字序号，填写在表中对应位置。

名称	数字序号
气门	
密封片	
锁片	
气门导管	
气门弹簧	

3. 下图是配气机构结构图。

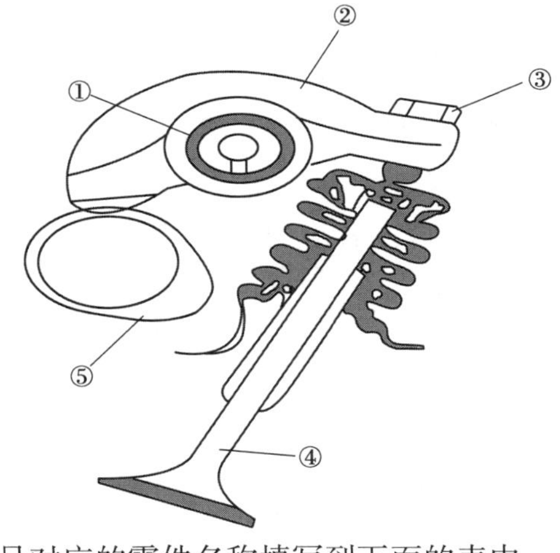

请将上图中数字序号对应的零件名称填写到下面的表中。

数字序号	名称
①	
②	
③	
④	
⑤	

第二节 配气机构的维修

一、填空题

1. 配气机构零件最常见的耗损形式是__________和__________以及__________。

2. 配气机构零件的磨损和变形会造成__________不严、__________变化,使气门的开启时间和最大开度__________;气门弹簧、同步带等疲劳折断会使气门和活塞发生__________,严重损坏零件。

3. 配气机构的工作性能降低后,会使发动机气缸的__________减少,__________增加,__________下降,__________变大,严重时,使发动机熄火或不能起动。

4. 配气机构的维修是为了恢复零件的__________,保证__________正确,__________严密,从而使发动机__________充分、__________彻底,配气机构工作平稳无异响,保持正常的发动机功率和燃油消耗率。

5. 气门和气门座是__________配研的,安装时不得错乱。

6. 挺柱与__________经过磨合,彼此已经相适,安装时最好也不要错乱。

7. 在拆卸摇臂轴总成时,要把全部摇臂轴支座的固定螺栓__________逐渐拧松,使摇臂轴__________地远离气缸盖,安装时亦然,以防拆装不当造成摇臂轴__________。

8. 调整气门间隙之前首先要确定各缸的进、排气门,然后找到第一缸压缩行程的__________位置。

9. 根据转动曲轴法确定进排气门时,方式是转动曲轴,观察各缸的两个气门,先动的是__________,后动的是__________。

10. 气门与气门座的配合影响到气缸的__________,对发动机的__________和__________影响极大。

11. 气门弹簧的耗损主要有__________、__________、__________三种形式。

12. 凸轮轴的磨损和弯曲将使气门的__________和气缸__________降低,配气定时失准，噪声增大。

13. 凸轮轴和轴承的配合间隙一般为____________mm。

14. 普通挺柱常见的耗损形式是底部出现____________、____________和____________。

15. 气门推杆易发生____________，直线度误差应不大于____________mm。

16. 摇臂的耗损主要是____________的磨损。

17. 安装新衬套时要注意使衬套油孔与摇臂油孔____________。

18. 采用链传动的配气机构，正时链条和链轮磨损后____________变长，噪声增大，配气定时失准，因此在维修时要认真检查。

19. 同步带应____________，以防发动机工作中突然断裂时，气门撞坏活塞、缸盖等零件，造成严重损失。

20. 正时齿轮啮合间隙逾限或轮齿磨出台阶、出现裂纹或断齿时，均应____________齿轮。相互啮合的钢制齿轮应____________更换。

二、单选题

1. 配气机构的工作性能下降不会造成(　　)。

A. 耗油量增加　　B. 功率下降

C. 发动机不能起动　　D. 充气量增多

2. 调整气门间隙时，需要找到第一缸(　　)行程上止点位置。

A. 进气　　B. 压缩　　C. 做功　　D. 排气

3. 气门弹簧的损耗形式不包括(　　)。

A. 歪斜　　B. 弹性减退

C. 腐蚀　　D. 断裂

4. 凸轮轴弯曲度的检测需要用到(　　)。

A. 百分表　　B. 塞尺

C. 游标卡尺　　D. 千分尺

5. 普通挺柱常见的损耗形式不包括(　　)。

A. 底部出现裂纹　　B. 底部出现条痕损伤

C. 底部出现剥落　　D. 底部出现变形

6. 测量气门间隙的量具是(　　)。

A. 游标卡尺　　B. 千分尺　　C. 钢直尺　　D. 塞尺

7. 拆卸气门的专用工具是(　　)。

A. 扭力扳手　　B. 气门弹簧拆卸钳

C. 铜棒　　D. 榔头

8. 关于配气机构的拆装，下列描述错误的是(　　)。

A. 拆卸前应观察配气正时记号

B. 气门与气门座安装时不能错乱

C. 安装时不能在零件的摩擦表面涂抹机油

D. 防止拆装不当造成凸轮轴和摇臂轴弯曲

9. 常用的气门间隙调整方法有“逐缸调整法”和“两次调整法”,其中,逐缸调整法就是依次将每个气缸的活塞调整到(　　),并对该缸的进、排气门间隙进行调整的方法。

A. 压缩行程上止点　　B. 排气行程上止点

C. 压缩行程下止点　　D. 排气行程下止点

三、判断题

1. 配气机构的拆卸和安装顺序相反,不用在零件的摩擦表面涂抹机油。(　　)

2. 气门和气门座是成对配研的,安装时不得错乱。(　　)

3. 气门导管的拆装应使用专用的铜质冲头压出或压入。(　　)

4. 第一缸压缩冲程上止点的确定方法:应当先找到压缩冲程,再确定压缩上止点。(　　)

5. 根据转动曲轴法确定进排气门时,当转动曲轴,先动的是进气门,后动的是排气门。(　　)

6. 气门与气门座的配合影响气缸的密封性。(　　)

四、综合题

1. 气门常见的损耗是什么?

2. 怎样用红丹着色检查气门与气门座的密封性?

3. 下图是配气定时图。

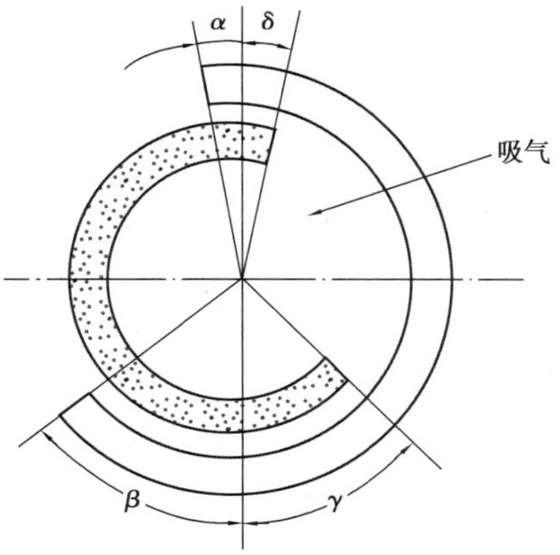

(1)写出下列符号代表的全称。

α:____________;β:____________;δ:____________;γ:____________。

(2)排气门实际开启时间对应的曲轴转角为____________,进气门实际开启时间对应的曲轴转角为____________。

(3)进排气门如图开启和关闭的目的是____________。

第三节　配气机构的常见故障诊断与排除

一、填空题

1. 配气机构的常见故障主要有____________、____________和____________。

2. 气缸的压缩压力不足主要有____________不足和____________不良两方面的原因。

3. 汽油机的最低压缩压力应为____________kPa,柴油机的最低压缩压力不低于____________MPa,若低于上述值,则属于压缩压力不足故障。

4. 进气管的真空度随着海拔的升高而____________,海拔每升高 1 000 m,真空度将减小____________kPa 左右。

5. ____________和____________称为气门响。

二、单选题

1. 下列哪一项不是配气机构的常见故障?(　　)

A. 气门关闭不严　　B. 配气定时失准

C. 气门响　　D. 机械故障

2. 下列哪一项不会造成气缸充气不足?(　　)

A. 配气定时失准　　B. 空滤器滤芯堵塞

C. 气门杆弯曲　　D. 活塞气缸组密封不良

3. 下列哪一项不会造成气门关闭不严？（　　）

A. 气门座圈松动　　B. 气门弹簧弹力不足

C. 气门和气门座磨合不严　　D. 活塞与缸壁间隙过大

4. 下列哪一项不会造成气缸密封不良？（　　）

A. 气门关闭不严　　B. 排气系统堵塞

C. 活塞气缸组密封不良　　D. 气缸垫漏气

5. 下列哪一项不会造成气缸垫漏气？（　　）

A. 气缸壁拉缸　　B. 气缸盖螺栓不紧

C. 气缸垫损坏　　D. 气缸套高出量小

三、判断题

1. 在检测气缸压缩压力时，各缸均检测一次即可。（　　）
2. 气缸充气不足说明配气机构出现故障。（　　）
3. 气缸的压缩压力还与发动机气缸的压缩比有关。（　　）
4. 进气管的真空度随着海拔的上升而下降。（　　）
5. 气门响声的大小随着发动机转速的升高而升高。（　　）
6. 气门响声的大小随着温度的变化而变化。（　　）
7. 气缸垫漏气会造成气门关闭不严。（　　）
8. 活塞与气缸壁间隙过大会造成气缸充气不足。（　　）
9. 气缸充气不足和气缸密封不良都会造成气缸压缩压力不足。（　　）
10. 活塞环“三隙”过大会造成活塞气缸组密封不良。（　　）

四、综合题

1. 造成气门关闭不严的原因有哪些？

2. 造成气缸垫漏气的原因有哪些？

第四章　发动机冷却系的构造与维修

教学目标

1. 了解发动机水冷系统的作用、组成及水路。
2. 了解发动机水冷系统主要部件的构造与工作原理。
3. 了解发动机水冷系统的维修。

教学目标项目表

知识要点	认知要求		
	了解	熟悉	掌握
1. 发动机冷却系统的概述		√	
2. 发动机冷却系统的作用			√
3. 发动机冷却方式的分类		√	
4. 冷却液的组成			√
5. 冷却液的作用			√
6. 发动机水冷系统的组成			√
7. 冷却装置主要部件的构造与工作原理		√	
8. 冷却强度调节装置主要部件的构造与工作原理		√	
9. 发动机水冷系统的维修		√	

第一节　发动机冷却系的构造和工作原理

一、填空题

1. 为保证发动机正常工作,必须对在高温条件下工作的________加以________。

2. 冷却系的作用就是使工作中的发动机得到____________，从而保持在最____________范围内工作。

3. 目前汽车发动机上广泛采用的是____________系冷却系统。采用水冷系时，应使____________内的冷却水温度在____________之间。

4. 冷却液是用水与____________配制而成的。冷却液用水应是____________，否则会在发动机____________和水套上产生____________，阻碍传热，使发动机____________。

5. 冷却液具有____________、____________、____________和____________产生的作用，在使用过程中，冷却液中的____________和____________会逐渐消耗掉。因此，应定期更换____________。

6. 防冻剂中含有着色剂，使冷却液呈____________或____________，以便识别。

7. 水冷系由____________、____________装置和____________装置三个部分所构成。

8. 吹过暖风机芯的空气被加热之后一部分送到____________或车厢，另一部分送到____________。

9. 散热器俗称____________，其主要组成部分为____________、____________和____________。

10. 按照散热器中冷却液____________，散热器分为____________式和____________式两种类型。其中前者的散热器芯____________布置，后者则____________布置。

11. 散热器芯一般多用导热性好的____________制造。

12. 在水箱盖上设置了____________和____________，它们是两个在弹簧作用下处于____________状态的____________。

13. 当水箱内冷却液膨胀，压力升高到一定数值时，____________开启，一部分冷却液经溢流管流入____________。

14. 当停机后，冷却液降温收缩，使水箱内压力低于外部大气压时，____________被外部气压向下压开，补偿水桶内的冷却液部分地流回____________。

15. 在发动机热状态下开启水箱盖时，应____________旋开，使水箱内的蒸汽压力逐渐降低，以免被喷出的水汽烫伤。

16. 当冷却液在水箱内受热膨胀时，多余的冷却液便进入____________，而当温度降低，水箱内产生____________时，补偿水桶内的冷却液便进入____________。

17. ____________还可消除水冷系中产生的____________或____________。冷却液中的气泡浮出后，可经补偿水桶加液口盖上的____________逸入大气。

18. 水泵的功用是对冷却液____________，使之在冷却系中加速____________。

19. 当叶轮旋转时，水泵中的____________被叶轮带动一起____________，并在本身的____________作用下飞向外周甩出，产生压力。

20. 叶轮中心处由于____________被甩出而压力降低，散热器中的冷却液便经进水管被____________叶轮中心处。

21. 水泵主要由__________与泵盖、叶轮与__________以及轴承和__________三部分组成。

22. 水封的作用是防止泵腔中的__________进入__________。

23. 风扇安装在__________后面。当风扇旋转时,产生__________,使大量空气流过散热器芯,把芯内冷却液散发出的热量带走,从而使__________内外保持较大的温差,增强了散热效果。

24. 多数发动机在风扇外围设有一个__________,护风罩固定在__________上。其作用是使通过__________的气流分布均匀。

25. 风扇带必须松紧适度,过松会造成__________,使风扇水泵轴__________下降,冷却和散热效果__________,发动机过热,带和带轮加速__________。

26. 风扇带必须松紧适度,过紧会使带轮轴承承受的径向力__________,磨损加剧,而且带本身也会因拉力增大而寿命__________。

27. 轿车多采用由__________的温控电动风扇。

28. 发动机因使用条件如转速、负荷和环境气温等经常改变,__________也必须随之改变,才能保证发动机经常在最有利的__________下工作。

29. 要求冷却系具有__________调节功能。

30. 冷却强度可以用改变通过__________的空气流量,如采用__________、自动风扇离合器、__________等和改变冷却液的__________和流量的方法进行调节。

31. 大多数发动机采用装在气缸盖出水口处的__________来改变冷却液的循环路线和流量,达到根据水温自动调节__________的目的。

32. 蜡式节温器分为__________和双阀式两种,目前多采用__________节温器。

33. 节温器可以使冷却液有__________、__________和__________三种循环路线。

34. __________装在水箱散热器的前面。

35. 目前很多汽车在风扇带轮和风扇之间装有__________,根据发动机温度自动控制__________改变通过散热器的空气量实现__________的自动调节,同时还可减少功率消耗,降低噪声。

36. 风扇离合器有__________、__________和__________等类型。

二、单选题

1. 下列不属于冷却液添加剂作用的是(　　)。

A. 防腐、防垢　　B. 减小冷却系压力

C. 提高冷却介质沸点　　D. 降低冷却介质冰点

2. 发动机水冷却系中的风扇离合器属于(　　)。

A. 冷却装置　　B. 冷却强度调节装置

C. 水温显示装置　　D. 水温确定装置

3. 发动机水冷却系中的水温传感器属于(　　)。

A. 冷却装置　　B. 冷却强度调节装置

C. 水温显示装置　　D. 水温确定装置

4. 发动机水冷却系中的百叶窗属于(　　)。

A. 冷却装置　　B. 冷却强度调节装置

C. 水温显示装置　　D. 水温确定装置

5. 多缸发动机为使各缸工作温度均匀,分水管上的孔(　　)。

A. 前小后大　　B. 前大后小

C. 前后一样大　　D. 两边大中间小

6. 采用膨胀水箱把冷却系变成了一个(　　)的封闭系统。

A. 暂时性　　B. 永久性　　C. 开放性　　D. 象征性

7. 冷却液不流经散热器的循环流动称为(　　)。

A. 大循环　　B. 小循环　　C. 再循环　　D. 中循环

8. 若拆掉节温器,冷却液会(　　)。

A. 只有大循环　　B. 只有小循环

C. 大小循环同时进行　　D. 不进行循环

9. 若散热器中的水垢过多会造成发动机(　　)。

A. 温度不变　　B. 过热

C. 过冷　　D. 温度一定

10. 硅油风扇离合器转速的变化是依据(　　)。

A. 继电器　　B. 冷却液温度

C. 发动机的机油温度　　D. 散热器后面的气流温度

11. 下列关于发动机冷却液的叙述,不正确的是(　　)。

A. 冷却液具有防腐蚀的作用

B. 冷却液用水应是软水,否则易产生水垢

C. 冷却液具有沸点低的特点

D. 冷却液应定期更换

12. 控制发动机冷却系大、小循环的部件是(　　)。

A. 水泵　　B. 节温器　　C. 百叶窗　　D. 风扇

13. 下列属于水泵部件的是(　　)。

A. 水套　　B. 叶轮　　C. 水箱盖　　D. 风扇

14. 下列属于水冷系冷却装置的是(　　)。

A. 节温器　　B. 散热器　　C. 水温表　　D. 百叶窗

15. 发动机正常工作时,冷却水温度应保持在(　　)。

A. 50 ~ 60 ℃　　B. 60 ~ 70 ℃

C. 80 ~ 90 ℃　　D. 100 ~ 110 ℃

16. 下列不属于发动机冷却液循环路线的是(　　)。

A. 小循环　　B. 大循环

C. 混合循环　　D. 采暖循环

17. 下列不属于散热器部件的是(　　)。

A. 进水室　　B. 散热器芯

C. 叶轮　　D. 出水室

18. 下列关于冷却液描述错误的是(　　)。

A. 冷却液用水应是硬水

B. 冷却液具有防冻和防沸腾的作用

C. 冷却液具有防锈蚀和抑制泡沫产生的作用

D. 冷却液应定期更换

三、判断题

1. 电动风扇由电动机驱动,不受发动机转速的影响。(　　)

2. 风扇在工作时,风是向散热器方向吹的,以利于散热。(　　)

3. 若散热器中的水垢过多会造成发动机过冷。(　　)

4. 发动机水冷却系中的风扇属于冷却强度调节装置。(　　)

5. 散热器盖上控制冷却液经溢流管流入补偿水桶的装置是真空阀。(　　)

6. 补偿水桶可以消除冷却系统产生的空气或蒸汽泡。(　　)

7. 冷却系的作用是使发动机得到适度的冷却,从而保持在最适宜的温度内工作。(　　)

8. 采用膨胀水箱把冷却系变成了一个暂时性的封闭系统。(　　)

9. 采用膨胀水箱避免了冷却液的损耗,保持冷却系内的水位不变。(　　)

10. 冷却液流经散热器的循环流动称为小循环。(　　)

11. 轴承的作用是防止泵腔中的冷却液进入气缸。(　　)

12. 发动机冷却系中水泵的作用是对冷却液加压,使之在冷却系统中加速循环流动。(　　)

13. 发动机冷却液应定期更换。(　　)

14. 为保证发动机正常工作,应对高温条件下工作的机件加以冷却。(　　)

15. 当风扇旋转时,产生轴向吹力,大量空气流过散热器芯,把芯内冷却液散发的热量带走。(　　)

16. 发动机长时间超负荷运行,会导致发动机水温过高。(　　)

17. 在水箱盖上设置了限压阀和真空阀。(　　)

18. 多数发动机在风扇外围设有一个护风罩,护风罩固定在散热器上。(　　)

四、综合题

1. 简述离心式水泵的工作过程。

2. 简述冷却液小循环的工作条件及循环过程。

3. 简述冷却液混合循环的工作条件及循环过程。

4. 下图是发动机水冷却系统示意图。

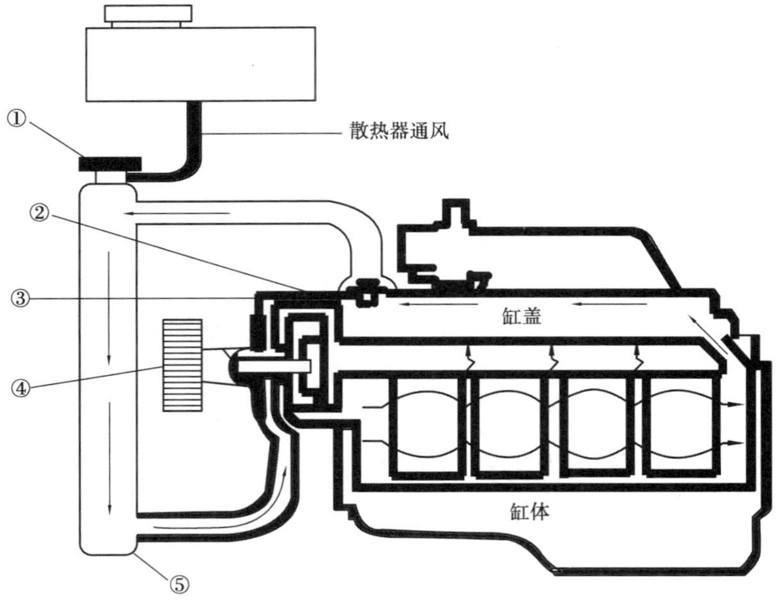

请从上图找出零件名称对应的数字序号，填写在表中对应位置。

名称	数字序号
水泵	
旁通管	
散热器	
散热器盖	
节温器	

第二节　发动机水冷却系的维修

一、填空题

1. 水泵总成的检查程序是先进行总成的外部检查，如发现不合格，即应拆检修理或更换＿＿＿＿＿＿。

2. 水泵外部检查合格者，应在试验台上按原厂规定进行规定转速下的＿＿＿＿＿＿和＿＿＿＿＿＿试验，合格的水泵可继续使用，不合格的应拆检修理或更换。

3. 水封失效时会有大量的冷却液从＿＿＿＿＿＿处流出。水泵壳体如有＿＿＿＿＿＿，也会发生＿＿＿＿＿＿。

4. 水泵总成检查时，用手转动带轮，应运转灵活，无卡滞现象，否则，泵轴可能弯曲或＿＿＿＿＿＿。

5. 水泵总成检查时，带轮的轴向和径向窜动量如果过大，说明轴承、水泵轴或水泵壳体上的＿＿＿＿＿＿有较大的磨损。

6. 水泵的修理分为四个步骤：＿＿＿＿＿＿、＿＿＿＿＿＿、＿＿＿＿＿＿、＿＿＿＿＿＿。

7. 散热器的主要维修内容是＿＿＿＿＿＿、＿＿＿＿＿＿和＿＿＿＿＿＿。

8. 蜡式节温器的安全寿命一般为＿＿＿＿＿＿km 汽车行驶里程。

9. 温度可调式恒温加热设备检查节温器主阀门的＿＿＿＿＿＿、全开温度及升程，其中有一项不符合规定值，则应更换＿＿＿＿＿＿。

10. 冷却系的维修主要包括＿＿＿＿＿＿、＿＿＿＿＿＿、＿＿＿＿＿＿和＿＿＿＿＿＿的检查等内容。

二、单选题

1. 下列不属于散热器主要维修内容的是(　　)。

A. 清堵　　B. 整形　　C. 清洁　　D. 焊漏

2. 水封失效时会有大量的冷却液从(　　)流出。

A. 排水孔　　B. 泄水孔　　C. 溢水孔　　D. 出水孔

3. 水泵壳体如有裂纹,也会发生(　　)。

A. 漏气　　B. 渗漏　　C. 异响　　D. 断裂

4. 下列不属于水泵修理步骤的是(　　)。

A. 水泵的分解　　B. 水泵零件的检修

C. 水泵的装配　　D. 水泵的检查

5. 下列不属于冷却系主要维修内容的是(　　)。

A. 水泵的检修　　B. 散热器的检修

C. 散热器盖阀门的装配　　D. 节温器的检查

三、判断题

1. 水泵分解拆卸前,应了解水泵的结构特点,确定拆卸顺序和方法并选择正确的工具。(　　)

2. 检查水泵时应检查水泵带轮的转动和轴向径向磨损量。(　　)

3. 检修时取出的水封密封垫圈和水封通常不需要更换。(　　)

4. V 形带轮的带槽底部如发现被带磨亮,应更换带轮,否则带很易打滑。(　　)

5. 水泵叶轮装合后,一般应高出水泵轴 0.1 ~0.15 mm。(　　)

6. 水泵装合后,用手转动带轮,应转动灵活无卡滞和擦碰现象。(　　)

7. 在我国北方地区春季常因柳絮堵塞散热片而发生水箱“开锅”现象。(　　)

8. 散热器的渗漏大多发生在散热管及其与进水室和出水室的接合处。(　　)

四、综合题

1. 简述散热器内部堵塞的清理方法。

2. 简述散热器盖阀门密封性的检查方法。

第三节　发动机水冷却系的常见故障诊断与排除

一、填空题

1. 水冷系的故障现象主要表现在____________和____________两个方面。

2. 水温表指针指示在 100 ℃以上,散热器有____________现象。

3. 水温过高发动机易产生____________,不易熄火。

4. 若发动机温度过高,而散热器的温度并不高,可能是____________的阀门没打开或阀门升程太小。

5. 若冷却液的沸点温度未提高,发动机冷却后散热器内的真空度未形成,____________的液面无变化,则为散热器盖坏。

6. 因水封失效而引起的____________应更换水封。

7. 冷却系最常见的故障是____________。

二、单选题

1. 发动机水温过高或者过低都会使发动机(　　)。

A. 功率下降　　B. 功率升高　　C. 正常工作　　D. 油耗增加

2. 会造成发动机冷却液温度不正常的是(　　)。

A. 混合气浓度不正常　　B. 润滑能力不足

C. 发火时间过早　　D. 以上都是

3. 风扇带松紧度的检查方法是用拇指按压两轮距中点处,带的下沉量为(　　)mm 时为宜。

A. 5 ~ 10　　B. 10 ~ 15　　C. 5 ~ 15　　D. 10 ~ 20

4. 将水箱盖打开操纵油门,突然变化发动机转速,从加水口观察冷却液面有无变化,若无搅动现象,则为(　　)工作不正常。

A. 水温传感器　　B. 节温器　　C. 水泵　　D. 散热器

5. 冷却液内漏通常表现为(　　)。

A. 油水相通　　B. 水套漏水　　C. 气缸套漏水　　D. 以上都是

三、判断题

1. 如发火时间过早或过晚,混合气浓度不正常、润滑能力不足以及发动机长时间超负荷等会导致发动机水温不正常。(　　)

2. 冷却系的最常见故障是水温过高。(　　)

3. 水封失效时会有大量的冷却液从泄水孔处流出。(　　)

4. 发现机油中有较多的冷却液，应立即解体检查：气缸盖和气缸体是否有裂纹及平面是否翘曲；气缸垫及气缸套阻水圈是否损坏等。(　　)

5. 对水泵总成的外部进行检查时，带轮的轴向和径向窜动量如果过大，说明轴承、水泵轴或水泵壳体上的轴承有较大的磨损。(　　)

6. 护风罩坏或不起作用、百叶窗打不开等会导致水温过高。(　　)

7. 水箱的冷却液减少，但是不见冷却液外流，而在油底壳中发现有冷却液时，均属冷却液内漏。(　　)

四、综合题

1. 简述水温过高的故障现象和原因。

2. 简述水温过低的故障现象和原因。

第五章　发动机润滑系的构造与维修

教学目标

1. 了解润滑系的作用、组成和润滑方式。
2. 熟悉发动机润滑系油路的基本结构。
3. 熟悉机油泵的类型和作用。
4. 熟悉机油滤清器的结构和工作过程。
5. 熟悉机油散热器的类型和工作过程。
6. 掌握活塞的冷却。
7. 掌握机油尺的检查。
8. 了解润滑系技术状况变差的影响。
9. 掌握润滑系的维护。
10. 掌握润滑系中机油泵的修理。
11. 掌握润滑系中机油滤清器的修理。
12. 熟悉影响机油压力的因素。
13. 了解机油压力表及其传感器和报警电路的故障及检测。
14. 掌握机油压力过低的故障原因及排除方法。
15. 掌握机油压力过高的故障原因及排除方法。
16. 掌握机油消耗过多的故障原因及排除方法。

教学目标项目表

知识要点	认知要求		
	了解	熟悉	掌握
1. 发动机润滑系的作用	√		
2. 发动机润滑系的组成	√		
3. 发动机润滑系的润滑方式	√		

续表

知识要点	认知要求		
	了解	熟悉	掌握
4. 发动机润滑系油路的基本结构		√	
5. 润滑系机油滤清器的 3 种结构		√	
6. 全流过滤式润滑油路的工作过程		√	
7. 并联过滤式润滑油路的工作过程		√	
8. 活塞的冷却			√
9. 机油泵的类型和作用		√	
10. 机油滤清器的类型及工作过程		√	
11. 机油散热器的类型及工作过程		√	
12. 机油尺的检查			√
13. 发动机润滑系技术状况变差的影响	√		
14. 发动机润滑系的日常、一级、二级维护		√	
15. 机油泵的不拆体检查			√
16. 机油泵的拆检修理			√
17. 机油滤清器的检修内容			√
18. 机油滤清器的检修方法			√
19. 影响机油压力的因素		√	
20. 机油压力表及其传感器和报警电路的故障及检测		√	
21. 机油压力过高的故障原因及排除方法	√		
22. 机油压力过低的故障原因及排除方法			√
23. 机油消耗过多的故障原因及排除方法			√

第一节　发动机润滑系的构造与工作原理

一、填空题

1. 发动机润滑系的基本任务就是将机油不断地供给各零件的____________，减少零件的____________，保证发动机正常工作。

2. 发动机润滑系具有____________、____________、____________、____________和防锈五大作用。

3. 润滑方式分为____________、____________、____________三种。

4. 润滑系采用____________和____________两种润滑方式。

5. 采用压力润滑的部件有____________、____________、____________和____________等。

6. 采用飞溅润滑的部件有____________、____________、____________和____________等。

7. 采用定期润滑的部件有____________、____________、____________及____________等。

8. 供给装置由____________、____________、____________及____________等组成。

9. 滤清装置由____________、____________、____________、旁通阀等组成。

10. 仪表与信号装置由____________、____________、____________、指示灯、机油压力表等组成。

11. 将具有一定压力的机油经油道输送到摩擦面间隙中，形成油膜保证润滑，这种润滑方式称为____________。

12. 气缸壁的润滑应该采用____________润滑。

13. 水泵、发电机、起动机的轴承应该采用____________润滑。

14. 润滑系一般由____________、____________、____________三部分组成。

15. 发动机润滑系中，机油的循环线路称为____________。

16. 机油滤清结构一般有____________、____________、____________三种 形式。

17. 滤清器与主油道串联的机油滤清形式为__________式。

18. 滤清器与主油道并联的机油滤清形式为__________式。

19. 粗滤器与细滤器并联的机油滤清形式为__________式。

20. 纸质滤芯式机油粗滤器由____________、____________、____________、____________等组成。

21. 主油道上旋装着____________，用于检测机油压力。

22. 当主油道机油压力低于 100 kPa 时，警报灯亮，应该立即____________，排除故障。

23. 集滤器的作用是防止____________的杂质进入机油泵。

24. 粗滤器的作用是滤去机油中粒度较大（直径为____________以上）的杂质。

25. 细滤器的作用是清除机油中直径在____________以上的杂质。

26. 机油细滤器可分为____________机油细滤器和____________机油细滤器。

27. 当粗滤器滤芯堵塞时，旁通阀自动打开，使机油直接由旁通阀流入__________，以保证发动机各个部位的正常润滑。

28. 润滑系机油滤清器有____________、____________和____________三种。

29. 汽车所用的机油泵分为____________和____________两种，____________机油泵又可分为外啮合式和内啮合式。

30. 在机油泵中设置了____________，当机油油压超过 600 kPa 时，该部件的弹簧被压缩。

31. 若机油粗滤器被杂质堵塞，将使整个油路无油。因此，在机油泵与主油道之间，与粗滤器并联了____________。

32. 机油泵的作用是将一定____________和____________的机油通过油道送到各润滑点。

33. 限压阀的开启压力靠弹簧的预紧力大小来调整，用增加或减少____________的办法调节。

34. 活塞____________在工作中承受燃气高温、高压的作用，温度很高，而且头部不与缸壁接触，散热困难。

35. 齿轮泵和转子泵都属于____________。

36. 机油泵装在气缸体的____________。

37. 转子式机油泵主要由____________、____________、____________和____________组成。

38. 内啮合式机油泵主要由____________、____________、____________、____________和机油泵体组成。

39. 外啮合式齿轮泵主要由____________、____________、____________、____________和限压阀组成。

40. 集滤器有____________和____________两种。

41. 可防止泡沫吸入的集滤器是____________。

42. 能吸入油面上较清洁的机油，但油面上泡沫易被吸入的集滤器是____________。

43. 为了保证润滑，在润滑系中必须保证有一定数量和质量的____________。

44. 检查机油尺的时候，应该检查____________和____________。

45. 机油尺检查时，使油面保持在油尺的____________之间。

46. 机油散热器可分为____________和____________两种类型。

47. 当温油较高时靠冷却液降温，而在起动暖机，油温较低时，则可从冷却液吸热，迅速提高机油温度的是____________式散热器。

48. 安装在机油泵进油孔之前，一般是金属滤网式部件的是____________。

49. 油底壳在润滑系中起到____________、____________和____________的作用。

50. ____________串联于机油泵与主油道之间，属于全流式滤清器，因其对润滑油的流动阻力较小。

二、单选题

1. 下列不属于润滑系作用的是（　　）。

A. 润滑　　B. 加热　　C. 密封　　D. 防锈

2. 下列采用压力润滑的部件是（　　）。

A. 凸轮轴轴承　　B. 气缸壁

C. 水泵　　D. 起动机的轴承

3. 下列采用飞溅润滑的部件是(　　)。

A. 凸轮轴轴承　　B. 气缸壁

C. 水泵　　D. 起动机的轴承

4. 下列采用定期润滑的部件是(　　)。

A. 凸轮轴轴承　　B. 气缸壁

C. 水泵　　D. 活塞销

5. 下列属于滤清装置部件的是(　　)。

A. 机油泵　　B. 旁通阀　　C. 油压警报灯　　D. 指示灯

6. 下列属于供给装置部件的是(　　)。

A. 机油泵　　B. 旁通阀　　C. 油压警报灯　　D. 指示灯

7. 下列属于仪表与信号装置部件的是(　　)。

A. 机油泵　　B. 旁通阀　　C. 油压警报灯　　D. 限压阀

8. 主油道上检测机油压力的部件是(　　)。

A. 旁通阀　　B. 油压传感器

C. 油压警报灯　　D. 限压阀

9. 机油粗滤器上装有旁通阀,当滤芯堵塞时,旁通阀打开使机油(　　)。

A. 不经过滤芯,直接回到油底壳

B. 直接流入细滤器

C. 直接进入主油道

D. 流回机油泵

10. 润滑系中旁通阀的作用是(　　)。

A. 保证主油道中的最小机油压力

B. 防止主油道过大的机油压力

C. 防止机油粗滤器滤芯损坏

D. 在机油粗滤器滤芯堵塞后仍能使机油进入主油道内

11. 转子式机油泵工作时,(　　)。

A. 外转子的转速低于内转子的转速

B. 外转子的转速高于内转子的转速

C. 外转子的转速等于内转子的转速

D. 不确定

12. 发动机用(　　)安装在机油泵的进油孔处。

A. 机油粗滤器　　B. 机油细滤器

C. 机油集滤器　　D. 机油冷却器

13. 在机油泵中设置了(　　),当机油油压超过 600 kPa 时,它的弹簧被压缩。

A. 限压阀　　B. 压力传感器

C. 旁通阀　　D. 油压警报灯

14. 下列不属于容积泵部件的是(　　)。

A. 转子式机油泵　　B. 齿轮式机油泵

C. 内啮合齿轮泵　　D. 汽油泵

15. 防止粒度大的杂质进入机油泵的部件是(　　)。

A. 集滤器　　B. 粗滤器　　C. 细滤器　　D. 纸质滤芯

16. 防止粒度为0.05 ~0.1 mm 的杂质进入主油道的部件是(　　)。

A. 集滤器　　B. 粗滤器　　C. 细滤器　　D. 纸质滤芯

17. 清除机油中直径为0.001 mm 以上的细小杂质,对机油流动阻力较大,多做分流式的滤清器是(　　)。

A. 集滤器　　B. 粗滤器　　C. 细滤器　　D. 纸质滤芯

18. 会吸入油面上较清洁的机油和泡沫的是(　　)。

A. 固定式集滤器　　B. 粗滤器

C. 细滤器　　D. 浮式集滤器

19. 对胶质滤清器滤清效果较差的是(　　)。

A. 离心式机油细滤器　　B. 过滤式机油细滤器

C. 纸质细滤器　　D. 浮式集滤器

20. 利用风扇风力使机油冷却的散热器使(　　)。

A. 风冷式　　B. 水冷式　　C. 油冷式　　D. 以上都不是

21. 转子总成出厂时做过(　　)。

A. 人工检查　　B. 水压试验

C. 温差试验　　D. 动平衡试验

22. 为了检测机油压力,在润滑系主油道上需要安装(　　)。

A. 油压警报器　　B. 指示灯

C. 油压传感器　　D. 机油压力表

23. 滤清器和主油道并联,机油泵泵出的压力油,大部分直接进入主油道,小部分经滤清器滤清后,回到油底壳的是(　　)。

A. 分流过滤式　　B. 全流过滤式

C. 并联过滤式　　D. 串联过滤式

24. 用来检查机油数量和质量的部件是(　　)。

A. 机油尺　　B. 机油泵

C. 机油散热器　　D. 放油螺塞

25. 起动机的轴承润滑方式是(　　)。

A. 压力润滑　　B. 定期润滑

C. 飞溅润滑　　D. 机油润滑

三、判断题

1. 润滑系的作用只有润滑。(　　)
2. 曲轴主轴颈采用飞溅润滑。(　　)
3. 连杆轴承采用压力润滑。(　　)
4. 气缸壁采用压力润滑。(　　)
5. 水泵、发电机、起动机的轴承采用飞溅润滑。(　　)
6. 油底壳属于供给装置。(　　)
7. 油压传感器属于仪表与信号装置。(　　)
8. 润滑系机油滤清结构形式有全流过滤式和分流过滤式两种。(　　)
9. 发动机用机油泵一般有转子式和齿轮式两种。(　　)
10. 机油滤清器有粗滤器和细滤器两种。(　　)
11. 转子式机油泵属于容积泵。(　　)
12. 机油泵一般有齿轮泵和转子泵两种。(　　)
13. 转子式机油泵中有限压阀。(　　)
14. 机油滤清器有集滤器、粗滤器和固定式集滤器三种。(　　)
15. 固定式集滤器吸入的机油清洁度稍逊于浮式集滤器。(　　)
16. 汽车发动机都采用纸质滤芯式机油粗滤器。(　　)
17. 防止细小杂质进入机油泵的部件是机油粗滤器。(　　)
18. 集滤器的作用是防止粒度大的杂质进入机油泵。(　　)
19. 集滤器一般都是纸质滤网式的,有浮式和固定式两种。(　　)
20. 细滤器按照清除杂质的方法,可分为过滤式和离心式两种。(　　)
21. 机油泵的作用是将一定流量和压力的机油通过油道送往各润滑点。(　　)

四、综合题

1. 润滑系的五大作用是什么?

2. 润滑系由哪些装置和机件组成?

3. 润滑系采用了哪几种润滑方式?通常发动机的哪些部位采用的是压力润滑?

4. 简述润滑系机油滤清器采用的三种形式。

5. 润滑系中机油泵的作用是什么？机油泵是如何工作的？

第二节 发动机润滑系的维修

一、填空题

1. 发动机润滑系技术状况变差，将引起发动机____________、____________等致命故障，使发动机丧失工作能力。

2. 润滑系技术状况变差的主要标志是____________及润滑油变质。

3. 润滑系的维护包括日常维护、____________、____________。

4. 在日常维护中，应该每日检查____________和____________。

5. 维护润滑系时，应该按照规定周期适时地____________机油。

6. ____________维护时，应该更换机油粗滤器滤芯，清洗粗滤器并更换机油。

7. 二级维护时，除一级维护的内容外，还应该拆下____________壳体。

8. 二级维护时，装配离心式机油滤清器后，____________转动应该灵活，无渗漏。

9. 机油泵的润滑条件好，零件磨损速度慢，____________比其他总成要长。

10. 发动机总成修理过程中一般不要轻易拆检机油泵，首先应该做____________检查。

11. 机油泵作不解体检查时，应该在试验台上检测机油泵的____________和____________。

12. 机油泵作不解体检查时，____________晃动和____________推拉主动轴，有间隙但不松旷，表明磨损不严重。

13. 用手堵住出油口，转动机油泵，手指应该有____________，转动主动轴阻力明显增大。

14. 二级维护时，检查和调整离心式机油滤清器进油____________的开启压力。

15. 机油泵中的机油渗漏会降低油泵的____________。

16. 机油泵的____________、机油泵体间隙、齿轮啮合间隙、轴与轴承间隙的增大，都会影响泵油量和泵油压力。

17. 机油泵磨损后，各部件大于____________应该更换零件或更换总成。

18. 机油泵的检查包括____________间隙检查、转子或齿轮____________间隙和____________间隙的检查。

19. 机油泵装复后应该按____________法或简易试验法进行试验，确认性能良好后再安装。

20. 机油集滤器的损坏形式有油管和滤网____________、浮子破损____________。

21. 机油滤网堵塞，应该用____________或煤油清洗。

22. 机油滤网堵塞，清洗后应该用____________吹干。

23. 机油集滤器的浮子有破损，应该进行____________。

24. 可拆式机油粗滤器的检修主要包括：更换____________和老化密封胶圈、清洗滤清器内部的____________和检查调整____________开启压力三项内容。

25. 更换粗滤器纸质滤芯的周期是每行驶____________km 更换一次。

26. 检修机油粗滤器时，无特殊情况一般不得拆卸和调整____________，以免____________发生变化。

27. 向气缸体上安装滤清器时，应该先在滤清器内充满____________。

28. 安装机油粗滤器时，应该检查与气缸体平面结合处是否平整，____________是否完好，最后____________固定螺栓。

29. 检修离心式机油细滤器时，若____________堵塞，可以用压缩空气吹通，不能用金属丝疏通，以免刮伤喷嘴孔。

30. 离心式机油细滤器在使用中会发生机件磨损、____________、____________、转子停转及轴承松旷等故障。

31. 离心式机油滤清器中，密封圈____________、____________或____________应该更换。

32. 离心式机油滤清器中，转子轴磨损，当其与孔的配合间隙超过 0.15 mm 时，可采用____________修复转子轴。

33. 离心式机油滤清器中，进油阀座磨损，可用____________研磨阀座，并更换新的钢球。

34. 为了检验机油细滤器的性能指标，应该在专用的____________进行试验。

35. 通常采用____________的方法检查离心式细滤器的工作是否正常。

36. 发动机油压低于____________MPa，机油不会进入机油细滤器。

37. 检验细滤器的性能指标时，发动机油压高于 0.1 MPa 时，运转____________s 以上，然后立即____________。

38. 检验细滤器的性能指标时，若在发动机旁边听到细滤器____________转动的“嗡嗡”声，说明细滤器工作____________。

39. 离心式机油滤清器检修中，装配转子总成时，应该注意对准转子盖与转子体之间的____________。

40. 离心式机油滤清器检修中，转子上部的____________螺母不可拧得过紧，否则将会破坏转子的正常工作。

二、单选题

1. 润滑系技术状况变差，将不会引起发动机(　　)。

A. 拉缸　　B. 油压低　　C. 润滑油变质　　D. 渗水

2. 润滑系技术状况变差的主要标志是(　　)。

A. 拉缸　　B. 抱轴　　C. 润滑油变质　　D. 渗水

3. 日常维护应该检查(　　)。

A. 机油价格　　B. 机油质量　　C. 机油容量　　D. 机油牌号

4. 一级维护应该(　　)。

A. 清洗粗滤器　　B. 更换机油

C. 更换粗滤器滤芯　　D. 以上都是

5. 二级维护应该(　　)。

A. 清洗转子　　B. 检查渗漏

C. 保持机油喷口畅通　　D. 以上都是

6. 不解体检查机油泵时，应该检查机油泵的(　　)。

A. 磨损和间隙　　B. 压力和流量　　C. 外观和颜色　　D. 以上都是

7. 不会影响泵油量和泵油压力的是(　　)。

A. 齿轮啮合间隙　　B. 轴与轴承间隙

C. 限压阀的密封性　　D. 旁通阀

8. 机油泵端面间隙的检查，应该使用(　　)。

A. 游标卡尺　　B. 塞尺　　C. 千分尺　　D. 钢尺

9. 机油集滤器的损坏形式不包括(　　)。

A. 油管堵塞　　B. 滤网堵塞　　C. 旁通阀损坏　　D. 浮子破损

10. 机油粗滤器滤芯的更换周期是(　　)。

A. 1 500 km　　B. 5 000 km　　C. 12 000 km　　D. 50 000 km

11. 检查调整旁通阀开启压力是(　　)的检修内容。

A. 机油集滤器　　B. 机油粗滤器　　C. 机油细滤器　　D. 纸质滤芯

12. 检修机油细滤器时，喷嘴孔堵塞，应该用(　　)。

A. 压缩空气吹通　　B. 金属丝疏通　　C. 油液润滑　　D. 以上都可以

13. 检修机油细滤器时，密封圈需要更换的情况是(　　)。

A. 损坏　　B. 老化变硬　　C. 变形　　D. 以上都是

14. 检修机油细滤器时，转子上部的压紧螺母的拧紧力矩不可超过(　　)N · m。

A. 5 ~ 10　　B. 10 ~ 20　　C. 29 ~ 49　　D. 39 ~ 49

15. 检修机油细滤器时，若转子轴磨损，当其与轴承的配合间隙大于(　　)mm 时，需要修复转子轴。

A. 0. 10　　B. 0. 50　　C. 0. 01　　D. 0. 001

16. 转子轴的修复方法是(　　)。

A. 修复尺寸法　　B. 镶套修复法　　C. 喷漆法　　D. 镀铬法

17. 机油粗滤器的检修不包括(　　)。

A. 更换纸质滤芯和老化密封胶圈

B. 清洗滤清器内部的沉淀物

C. 检查调整旁通阀开启压力

D. 端面间隙的检查

18. 离心式机油细滤器在使用中会发生(　　)。

A. 机件磨损　　B. 密封垫损坏　　C. 喷嘴孔堵塞　　D. 以上都是

19. 检验细滤器的性能指标时，发动机油压低于(　　)MPa，机油不会进入细滤器。

A. 10　　B. 1　　C. 0. 1　　D. 0. 01

三、判断题

1. 润滑系对保证发动机工作有重要作用。(　　)

2. 润滑系技术状况变差，会导致发动机拉缸。(　　)

3. 润滑系技术状况变差，不会导致发动机抱轴。(　　)

4. 润滑系技术状况变差的主要标志是主油道油压过高。(　　)

5. 润滑油变质将会引起润滑系技术状况变差。(　　)

6. 油压过低会导致零件的黏着磨损，甚至粘着咬死。(　　)

7. 机油黏度过大会导致润滑系油压过高。(　　)

8. 机油变质结胶会导致润滑系油压过高。(　　)

9. 机油泵体间隙的检查运用的工具是游标卡尺。(　　)

10. 滤芯破裂会导致润滑系油压过低。(　　)

11. 曲轴轴承间隙过大，会导致油压过高。(　　)

12. 修理机油泵时，应该在试验台检测机油泵的流量和压力。(　　)

13. 机油泵的端面间隙增大，会影响泵油量和泵油压力。(　　)

14. 机油泵磨损后，各部件大于使用限度时应该更换零件或更换总成。(　　)

15. 机油泵的检查包括机油泵体间隙、转子或齿轮啮合间隙和端面间隙的检查。(　　)

16. 机油滤网堵塞，应该用机油清洗。(　　)

17. 更换粗滤器纸质滤芯的周期是每行驶 5 000 km 更换一次。(　　)

18. 检修离心式机油细滤器时,若喷嘴孔堵塞,可以用细小的金属丝疏通,以免刮伤喷嘴孔。(　　)

19. 离心式机油滤清器中,转子轴磨损,当其与孔的配合间隙超过 0.15 mm 时,可采用修理尺寸法修复转子轴。(　　)

20. 检验细滤器的性能指标时,发动机油压高于 0.1 MPa 时,运转 10 s 以上,然后立即熄火。(　　)

21. 机油泵的工作原理是利用泵腔容积的增大将油吸入汽油泵,再利用泵腔容积的减小将油压出。(　　)

四、综合题

1. 润滑系中,造成油压过低的原因有哪些?

2. 润滑系中,造成油压过高的原因有哪些?

3. 影响机油泵泵油量和泵油压力的因素有哪些?

4. 机油集滤器的损坏形式有哪些? 应该如何修理?

5. 离心式机油细滤器一般会出现哪些故障？应该如何检修？

第三节　发动机润滑系的常见故障诊断与排除

一、填空题

1. 发动机润滑系的故障主要包括机油压力过低、机油压力过高以及________三个方面的内容。

2. 发动机润滑系故障中，油压________较多见，且危害最严重。

3. 油压过低，不但会使摩擦表面润滑不良而加快磨损，而且严重时还会导致________、________等重大事故。

4. ________和________的变化，可以用机油压力表和机油尺检测。

5. 机油泵的________、油路的通过________和机油的________等因素及其相关因素（子元素），都会影响到机油压力。

6. 发动机运转时，必须保持________油压。

7. 发动机运转时，如果润滑系油压________，各摩擦表面会因得不到足够的润滑而使磨损加快。

8. 发动机运转时，如果润滑系油压过高，易使________、________压坏，且浪费发动机的动力。

9. 汽车行驶时，润滑油的压力一般应该保持在________MPa。

10. 发动机怠速运转时，油压应该不低于________MPa。

11. 发动机温度较高而转速较低时，油压不低于________MPa；发动机温度较低而转速较高时，油压应该不高于________MPa。

12. 机油泵泵油量少，原因可能是机油泵转速________，会导致油压________。

13. 机油泵泵油量多，原因可能是机油泵转速________，会导致油压________。

14. 机油泵各部的间隙大，泵油量少，机油压力________，应该更换机油泵总成。

15. 夏季应该用机油黏度________的机油，冬天应该用机油黏度________的机油。

16. 机油变质或者混入汽油及水，会导致机油黏度变________，应该更换机油。

17. 润滑部位间隙逾限，将导致油压过________，应该修复各部位间隙。

18. 机油粗滤器____________开启压力高，会导致油压过低，应该调整。

19. 机油泵限压阀开启压力低或关闭不严，会导致油压____________，应该 调整。

20. 机油细滤器进油____________开启压力低或者关闭不严，会导致油压过低，应该调整阀门。

21. 机油散热器____________堵塞，油不能流入散热器，油温过高，会导致油压过低，应该修复____________。

22. 机油泵____________接头松动进气，会导致油压过低，应该紧固或换新件。

23. 集滤器____________或脱落，会导致油压过低，应该清洁、紧固或换新件。

24. 机油粗滤器____________堵塞、脏污，会导致油压过低。

25. 机油粗滤器滤芯____________，会导致油压过高。

26. ____________、隔板油道、____________堵塞，会导致油压过高，应该清洗疏通管道。

27. 机油散热器油管堵塞、散热不良油温高，会导致油压____________。

28. 油路中的各管接头或密封面，如果密封不严漏油，会导致油压____________，应该修复。

29. 当机油压力表显示的机油压力过低或过高时，如果实际油压正常，可能是____________、____________等油压显示装置出现了故障，呈现的示值与实际不符。

30. 若主油道中的实际机油压力正常，而机油压力表指示的机油压力不正常，或者____________点亮，则为油压传感器、油压表损坏。

31. 检查断路故障可用____________检查。

32. 检查断路故障可用万用表逐点测____________法。

33. 检查搭铁故障可用逐点____________法。

34. 发动机发动后，机油压力表读数迅速下降至____________左右，则机油压力过低。

35. 发动机在正常温度和转速下，机油压力表读数始终____________规定值。

36. 若行车过程中，通过察看机油压力表或报警灯，发现机油压力过低或为零时，应该立即____________，以防止发生烧瓦抱轴等机械事故。

37. 若机油压力表显示压力过低，而离心式细滤器却旋转得更快，则为____________堵塞。

38. 机油通过轴承间隙泄漏过快，致使机油压力过低，可通过____________、配瓦来恢复。

39. 机油压力表的读数如果长期接近或者超过____________的开启压力，则表明机油压力过高。

40. 发动机在运转中，机油压力表读数突然增高，则表示机油压力____________。

41. 发现机机油压力过高时，应该熄火排除故障，否则易冲裂____________或机油滤清器及其连接处。

42. 如果机油压力表读数突然增高，而未见其他异常现象，应首先检查机油压力传感器上的____________是否搭铁，若有搭铁，应该使之____________。

43. 对于新装的发动机，若曲轴主轴承、连杆轴承或凸轮轴轴承间隙偏____________时，会引起油压略高，但不会使油压过高。

44. 机油消耗过多的主要原因有两方面：一是____________，二是____________。

45. 一般情况下，消耗的机油与燃油的比为____________为正常。

46. 检查发动机机油油面时，汽车必须保持____________位置。

47. 检查机油尺，油面必须在____________之间。

48. 排气管冒____________，说明烧机油。

49. 烧机油的原因有活塞与气缸壁____________、活塞上的扭曲环装反、活塞环抱死或对口、活塞环磨损或弹力不足、气门杆油封____________、进气门导管磨损过甚。

50. 漏机油的原因有曲轴箱____________、正时齿轮室密封不严、曲轴后油封密封不良、凸轮轴后端油堵漏油、油底壳或气门室盖密封不严、空气压缩机的____________与缸壁间隙过大。

二、单选题

1. 发动机润滑系的主要故障不包括(　　)。

A. 机油压力过高　　B. 机油压力过低

C. 机油压力表故障　　D. 机油消耗过多

2. 机油压力的变化，可以用(　　)检测。

A. 机油尺　　B. 机油压力表　　C. 机油容量　　D. 机油牌号

3. 机油消耗量的变化，可以用(　　)检测。

A. 机油尺　　B. 机油压力表　　C. 机油容量　　D. 机油牌号

4. 使得机油压力过高或过低的因素不包括(　　)。

A. 机油泵的泵油能力　　B. 油路的通过面积

C. 机油的黏度　　D. 机油品牌

5. 汽车行驶时，润滑油的压力一般不低于(　　)MPa。

A. 0.1　　B. 0.2　　C. 0.3　　D. 0.6

6. 发动机怠速运转时，油压应该不低于(　　)MPa。

A. 0.1　　B. 0.2　　C. 0.3　　D. 0.6

7. 机油消耗大于(　　)就为不正常。

A. 0.5%　　B. 2%　　C. 1%　　D. 0.6%

8. 机油粗滤器旁通阀开启压力高，会导致(　　)，应该调整。

A. 油压高　　B. 油压低　　C. 油压不变　　D. 油压不一定

9. 机油散热器开关堵塞，油不能流入散热器，油温过高，会导致油压(　　)，应该修复开关。

A. 油压高　　B. 油压低　　C. 油压不变　　D. 油压不一定

10. 集滤器堵塞或脱落，会导致油压(　　)，应该清洁、紧固或换新件。

A. 高　　B. 低　　C. 不变　　D. 不一定

11. (　　)堵塞，会导致油压过低，如果堵塞或松脱，应该清洁、紧固或换新件。

A. 主油道　　B. 隔板油道　　C. 曲轴油道　　D. 集滤器

12. 检查(　　)故障可用万用表逐点测直流电压法。

A. 短路　　B. 断路　　C. 闭路　　D. 以上都不对

13. 发动机发动后，机油压力表读数迅速下降至零左右，则机油压力(　　)。

A. 过高　　B. 过低　　C. 正常　　D. 不一定

14. 机油消耗过多的主要原因有(　　)。

A. 漏机油　　B. 烧汽油　　C. 漏水　　D. 漏气

15. 排气管冒蓝烟，说明(　　)。

A. 漏油　　B. 烧汽油　　C. 漏水　　D. 烧机油

16. 烧机油的原因，不包括(　　)。

A. 活塞与缸壁间隙过大　　B. 活塞上的扭曲环装反

C. 曲轴箱通风不良　　D. 活塞环磨损或弹力不足

17. 漏机油的原因，不包括(　　)。

A. 正时齿轮室密封不严　　B. 曲轴后油封密封不良

C. 凸轮轴后端油堵漏　　D. 活塞与缸壁间隙过大

18. 一般情况下，消耗的机油与燃油的比为(　　)为正常。

A. 1%　　B. 5%　　C. 10%　　D. 20%

19. 若主油道中的实际机油压力正常，而机油压力表指示的机油压力不正常，或者低压警报灯报警，则为(　　)损坏。

A. 油压传感器　　B. 机油泵　　C. 旁通阀　　D. 机油散热器

20. 检查机油尺，油面必须在(　　)。

A. MAX(上限)与 MIN(下限)之间　　B. MIN(下限)

C. MAX(上限)　　D. 都可以

三、判断题

1. 发动机润滑系故障中，油压过高较多见，且危害最严重。(　　)

2. 发动机运转时，如果润滑系油压过高，各摩擦表面会因得不到足够的润滑而使磨损加快。(　　)

3. 发动机运转时，如果润滑系油压过低，易使油封、油管压坏，且浪费发动机的动力。(　　)

4. 发动机怠速运转时，油压应该不低于 0.1 MPa。(　　)

5. 机油泵泵油量多，原因可能是机油泵转速低，导致油压过低。(　　)

6. 冬天应该用机油黏度低的机油。(　　)

7. 机油散热器开关堵塞,油不能流入散热器,油温过高,会导致油压过高。(　　)

8. 机油粗滤器旁通阀开启压力低或关闭不严,会导致油压过高,应该调整。(　　)

9. 机油粗滤器滤芯破损,会导致油压过高。(　　)

10. 曲轴油道堵塞,会导致油压过高,应该清洗疏通管道。(　　)

11. 当机油压力表显示的机油压力过低或过高时,而实际油压正常,可能是油压传感器、机油压力表等油压显示装置出现了故障,呈现的示值与实际不符。(　　)

12. 检查搭铁故障可用万用表逐点测直流电压法。(　　)

13. 发动机在正常温度和转速下,机油压力表读数高于规定值。(　　)

14. 检查发动机机油油面时,汽车应该在上坡位置,抬高发动机。(　　)

15. 排气管冒黑烟,说明烧机油。(　　)

16. 活塞与缸壁间隙过大,会导致漏机油。(　　)

17. 凸轮轴后端油堵漏油、油底壳或气门室盖密封不严,会导致烧机油。(　　)

18. 气门杆油封损坏、进气门导管磨损过甚,会导致漏机油。(　　)

19. 一般情况下,消耗的机油与燃油的比为0.5% ~1%为正常。(　　)

20. 若行车过程中,通过察看机油压力表或报警灯,发现机油压力过低或为零时,应该立即停车熄火,以防止发生烧瓦抱轴等机械事故。(　　)

21. 更换发动机机油时,机油滤清器不需要更换。(　　)

22. 检查机油黏度是否过大,若黏度过大,应换为正确牌号的机油。(　　)

四、综合题

1. 润滑系的故障主要有哪些?最常见的是哪一种?

2. 影响机油压力的因素有哪些?

3. 机油压力过低的故障现象是什么？

4. 机油压力过高的故障现象是什么？

5. 机油消耗过多的故障现象是什么？

第六章　汽油机电子控制燃油喷射系统的基本知识

教学目标

1. 了解电喷汽油机的优点及其电控汽油喷射装置的基本结构。

2. 熟悉喷油量控制的原理及电喷汽油机燃油系统主要部件的作用、结构与工作原理。

3. 掌握电喷汽油机进气系统的组成及其主要部件的结构和工作原理；L 型和 D 型两种汽油喷射系统对进气量的检测方式。

4. 掌握主要传感器的作用、类型、结构与工作原理。

5. 了解电控单元的作用和主要控制功能。

6. 了解燃油系统各部件工作不正常的原因及其对发动机工作的影响。

7. 掌握故障码的调出与清除方法。

8. 了解燃油系各部件及油路系统压力的检查方法。

教学目标项目表

知识要点	认知要求		
	了解	熟悉	掌握
1. 电喷汽油机的优点及其基本结构	√		
2. 电控汽油喷射装置的基本结构	√		
3. 喷油量控制的原理		√	
4. 电喷汽油机燃油系统主要部件的作用		√	
5. 电喷汽油机燃油系统主要部件的结构		√	
6. 电喷汽油机燃油系统主要部件的工作原理		√	
7. 电喷汽油机进气系统的组成			√

续表

知识要点	认知要求		
	了解	熟悉	掌握
8. 电喷汽油机进气系统主要部件的结构			√
9. 电喷汽油机进气系统的工作原理			√
10. L 型和 D 型两种汽油喷射系统对进气量的检测方式			√
11. 主要传感器的作用、类型、结构与工作原理			√
12. 电控单元的作用和主要控制功能	√		
13. 燃油系统各部件工作不正常的原因及其对发动机工作的影响	√		
14. 故障码的调出与清除方法			√
15. 燃油系各部件及油路系统压力的检查方法	√		

第一节　汽油机电子控制燃油喷射系统的构造和工作原理

一、填空题

1. 电喷汽油机降低了____________，提高了____________和经济性。

2. 电喷汽油机用电控单元精确控制____________和____________，使发动机几乎在任何工况下都能获得最佳空燃比的混合气并以最佳的点火提前角点火燃烧。

3. 电喷汽油机的电控汽油喷射系统的基本结构，它由____________、____________和电子控制系统组成。

4. 电子控制系统由____________和各种传感器及____________组成。

5. 喷油器喷油量的多少取决于____________的长短。

6. 燃油系统将燃油加压后，根据____________的指令喷射燃油。

7. 电控汽油喷射系统中使用的曲轴位置传感器，按它们的结构有____________、霍尔效应式和光电感应式三种类型。

8. 进气温度传感器采用负温度系数的____________。

9. 氧传感器安装在____________中。

10. 节气门位置传感器也称为____________。

11. 燃油压力调节器一般安装在____________的一端。

12. 电子控制系统的主要作用是 ECU 根据各个传感器送来的信号控制____________________和____________________。

13. ____________开度的大小就代表了发动机负荷的大小。

14. 过量空气系数 $\alpha<0.4$ 时，虽能着火，但火焰无法传播，将导致发动机熄火，此 α 值称为____________。

15. 氧传感器根据排气中的氧浓度监测__________，向 ECU 发出反馈信号。

16. 氧化锆式氧传感器的基本元件是________________。

17. 热线式空气流量计可分为主流测量方式和________________________两种结构形式。

18. 电动汽油泵的附加功能分为__________和__________。

19. 空气流量计的类型分别为卡门旋涡式空气流量计、____________、热线式空气流量计、____________。

20. 温度传感器应用较多的是____________和____________温度传感器。

21. 曲轴位置传感器通常安装在飞轮处、____________以及____________或凸轮轴前端，因机型而异。

22. 节气门位置传感器安装在____________，将____________转化成电信号送到 ECU。

23. $\alpha=$____________时，发动机可得到较大的功率。

24. $\alpha=1$ 的可燃混合气为______________混合气。

25. 常用来表示混合气浓度的参数有____________和____________。

二、单选题

1. 下列不属于电喷汽油机燃油系统工作过程的是(　　)。

A. 安装在汽油箱内的电动汽油泵将汽油泵出

B. 经汽油滤清器除去杂质和水分后送入供油总管

C. 定时开启和关闭进、排气门

D. 经供油歧管送至各缸的喷油器

2. 压力型喷射系统通过(　　)来计量进入进气管的空气量。

A. 热线式空气流量计　　B. 热膜式空气流量计

C. 进气压力传感器　　D. 卡门涡流式空气流量计

3. 下列不属于曲轴位置传感器结构形式的是(　　)。

A. 超声波式　　B. 霍尔效应式　　C. 磁脉冲式　　D. 光电式

4. 下列不属于电喷汽油机进气系统的是(　　)。

A. 空气滤清器　　B. 节气门体　　C. 进气歧管　　D. 进气门

5. 最大功率的浓混合气是(　　)。

A. $\alpha=1.05\sim1.15$　　B. $\alpha=1$

C. $\alpha=0.85\sim0.95$　　D. $\alpha=14.7$

6. 发动机怠速时要求供给(　　)的混合气。

A. $\alpha=0.6\sim0.8$　　B. $\alpha=0.7\sim0.9$

C. $\alpha=0.85\sim0.95$　　D. $\alpha=1.05\sim1.15$

7. 燃油消耗率最小的经济混合气属于(　　)。

A. 标准混合气　B. 理论混合气　C. 稀混合气　D. 浓混合气

8. 发动机对外无功率输出以最低转速运转是处于(　　)。

A. 中等负荷　B. 怠速　C. 大负荷　D. 小负荷

9. 怠速空气调整器的英文缩写是(　　)。

A. EGR　B. ISCV　C. PCV　D. ECU

10. 过量空气系数是指(　　)。

A. 燃烧 1 kg 燃油实际供给的空气质量与理论上完全燃烧 1 kg 燃油所需空气质量之比

B. 理论上完全燃烧 1 kg 燃油所需空气质量与燃烧 1 kg 燃油实际供给的空气质量之比

C. 可燃混合气中空气质量与燃油质量之比

D. 可燃混合气中燃油质量与空气质量之比

11. 下列属于电喷汽油机燃油系统部件的是(　　)。

A. 点火线圈　　B. 火花塞

C. 分电器　　D. 喷油器

12. 用于检测活塞上止点位置的传感器是(　　)。

A. 节气门位置传感器　　B. 氧传感器

C. 曲轴位置传感器　　D. 进气歧管压力传感器

13. 氧传感器安装在(　　)。

A. 进气歧管　　B. 节气门

C. 消声器　　D. 排气管

14. 下列属于电控汽油机燃油电子控制系统执行器的元件是(　　)。

A. 喷油器　　B. 曲轴位置传感器

C. 机油压力开关　　D. 水温传感器

15. 用于判定发动机热状态的传感器是(　　)。

A. 节气门位置传感器　　B. 氧传感器

C. 曲轴位置传感器　　D. 冷却液温度传感器

16. 产生燃油压力的部件是(　　)。

A. 喷油器　　B. 汽油滤清器

C. 电动汽油泵　　D. 汽油箱

17. 电喷汽油机用电控单元精确控制点火提前角和(　　)。

A. 供油提前角　　B. 喷油时刻
C. 空燃比　　D. 过量空气系数

18. 为了汽油泵停止工作时密封油路,使燃油系统保持一定残压的是(　　)。
A. 单向阀　　B. 限压阀
C. 真空阀　　D. 压力阀

19. 采用间接测量方式测量进气量的是(　　)。
A. 翼板式流量计　　B. 热膜式流量计
C. 压力传感器　　D. 卡门旋涡式流量计

20. 曲轴位置传感器通常安装在飞轮处、分电器内以及曲轴或凸轮轴(　　)。
A. 后端　　B. 中间　　C. 前端　　D. 两端

21. 采用燃油喷射系统的汽油机与采用化油器的汽油机比较,下列描述错误的是(　　)。
A. 动力性有所提高　　B. 经济性有所提高
C. 有害物排放量有所提高　　D. 加速性能有所提高

22. 下列属于发动机输入信号的是(　　)。
A. 空气流量计　　B. 点火模块　　C. ECU 阀　　D. 喷油器

23. 下列属于发动机输出信号的是(　　)。
A. 空气流量计　　B. 点火模块
C. 进气温度传感器　　D. A/C 开关

24. 下列属于燃油喷射发动机执行器部件的是(　　)。
A. 曲轴位置传感器　　B. 节气门位置传感器
C. 空气流量计　　D. 活性炭罐电磁阀

25. 下列属于燃油喷射发动机执行器部件的是(　　)。
A. 空气温度传感器　　B. 节气门位置传感器
C. 怠速控制阀　　D. ST 信号

26. 负温度系统的热敏电阻的阻值随温度的升高而(　　)。
A. 升高　　B. 降低　　C. 不受影响　　D. 先高后低

27. 点火提前角(　　)会防止汽油机出现爆震燃烧。
A. 增大　　B. 减少　　C. 不变　　D. 先大后小

28. (　　)会使汽油机出现爆震燃烧。
A. 增大点火提前角　　B. 降低压缩比
C. 冷却系过热　　D. 及时清除燃烧室中的积炭

29. 爆震燃烧会(　　)。
A. 减少气缸的磨损　　B. 降低发动机的燃油消耗
C. 降低发动机的工作温度　　D. 降低发动机的输出功率

30. 表面点火会(　　)。

A. 减少气缸的磨损　B. 降低发动机的燃油消耗
C. 降低发动机的工作温度　D. 降低发动机的输出功率

31. 发动机的(　　)工况要求的混合气最浓。
A. 小负荷　B. 大负荷　C. 中负荷　D. 怠速

32. 防止汽油机出现爆震燃烧可以(　　)。
A. 增大点火提前角　B. 增大压缩比
C. 提高发动机的工作温度　D. 及时清除燃烧室中的积炭

33. 汽油机点火时间越早,发生爆燃的可能性将(　　)。
A. 越大　B. 越小　C. 不变　D. 与点火时间无

34. 空燃比大于14.7的混合气为(　　)混合气。
A. 浓　B. 稀　C. 理论　D. 功率

35. 汽油机可燃混合气为稀混合气时,其过量空气系数(α)表示为(　　)。
A. $\alpha=0$　B. $\alpha>1$　C. $\alpha=1$　D. $\alpha<1$

36. 发动机在大负荷工况下需要(　　)。
A. 稀混合气　B. 浓混合气　C. 理论混合气　D. 经济混合气

37. 空燃比是指(　　)。
A. 燃烧1 kg燃油实际供给的空气质量与理论上完全燃烧1 kg燃油所需空气质量之比
B. 理论上完全燃烧1 kg燃油所需空气质量与燃烧1 kg燃油实际供给的空气质量之比
C. 可燃混合气中空气质量与燃油质量之比
D. 可燃混合气中燃油质量与空气质量之比

38. 过量空气系数等于(　　)时,发动机发出的功率最大。
A. 1　B. 0　C. 0.85~0.95　D. 1.05~1.15

39. 汽油机的爆燃是燃烧室内末端混合气在火焰(　　)到达之前产生自燃现象。
A. 后锋　B. 前锋　C. 中锋　D. 中前锋

40. 过量空气系数小于1的混合气称为(　　)。
A. 浓混合气　B. 稀混合气
C. 标准混合气　D. 动力混合气

41. 汽油机在中等负荷时,过量空气系数应为(　　)。
A. 0.6~0.8　B. 0.85~0.95　C. 1.05~1.15　D. 1.1~1.2

42. 汽油机出现表面点火的原因中包括(　　)。
A. 压力过高　B. 水垢过多
C. 浓度过高　D. 积炭过多

43. 混合气浓度为火焰传播上限的是(　　)。
A. $\alpha=0.4\sim0.5$　B. $\alpha=1.3\sim1.4$

C. $\alpha=0.6\sim0.8$　　D. $\alpha=0.7\sim0.9$

44. 以下不属于曲轴位置传感器检测内容的是(　　)。

A. 曲轴转角　　B. 气门升程

C. 曲轴转速　　D. 活塞上止点位置

三、判断题

1. 在汽车行驶的大部分时间内，发动机是在中等负荷下工作的。(　　)

2. 汽油滤清器的作用是滤去汽油中的杂质，它经过处理后可以适当重复使用。(　　)

3. 发动机一旦运转起来，氧化锆式氧传感器就能探测排气中的氧浓度，并转化为电信号输入 ECU。(　　)

4. 汽车怠速时，可燃混合气燃烧后对活塞所做的功全部用来克服发动机内部的阻力，发动机对外无功率输出，此时只需要稀混合气。(　　)

5. 过量空气系数 α 为 1 时，不论从理论上或实际上来说，混合气燃烧最完全，发动机的经济性最好。(　　)

6. ECU 为 IC 电路提供一个 5 V 电源。(　　)

7. 空气流量计安装在空气滤清器与节气门体之间，吸入的空气量转化成电信号送给电控单元。(　　)

8. 汽油的辛烷值越高，它的抗爆性就越好。(　　)

9. 节气门位置传感器安装在节气门轴上，与驾驶员操纵的油门踏板联动。(　　)

10. 氧传感器探测排气中的氧浓度，并转化为电信号输入 ECU，它是发动机燃油喷射开环控制的重要检测元件。(　　)

11. 电控汽油机喷油器通电时间越长，喷油量越少。(　　)

12. 节气门位置传感器的作用是检测活塞上止点位置。(　　)

13. 燃油压力调节器的作用是使供油总管内的油压与进气歧管内的气压的压差值保持基本不变。(　　)

14. 电子控制系统由电控单元、各种传感器及执行器组成。(　　)

15. 热敏电阻式温度传感器的电阻随温度升高而增大。(　　)

16. 压力传感器、起动信号、怠速控制阀都执行发动机控制系统的输出指令。(　　)

17. 氧传感器的作用是为了减少废气中的氧含量。(　　)

18. 采用燃油喷射系统的汽油机与采用化油器的汽油机相比，废气排放量少，但动力性差。(　　)

19. 空气流量计、空调开关信号、点火控制器(点火模块)都是发动机控制系统的信号输入装置。(　　)

20. 电动汽油泵的主要任务是供给燃油系统足够的具有规定压力的汽油。(　　)

21. 后火现象对发动机影响不大。(　　)

22. 目前,大多数电动汽油泵是装在油箱内部的。( )

23. 喷油器、EGR 阀、活性炭罐电磁阀都是执行器。( )

24. 电动汽油泵中的单向阀能起到一种保护作用,当油压过高时能自动减压。( )

25. 为了减少环境污染,电控发动机在所有运转工况都根据氧传感器信号对发动机进行反馈控制。( )

26. 轻微爆燃是不允许的。( )

27. 进气温度低会防止汽油机出现爆燃现象。( )

28. 使用合适牌号的汽油会防止汽油机出现爆震。( )

29. 增大压缩比会防止汽油机出现爆震燃烧。( )

30. 表面点火会造成关闭点火开关后发动机不熄火而继续运转。( )

31. 发动机的各种工况中,全负荷工况要求的混合气最浓。( )

32. 空燃比等于混合气中燃油质量(kg)与混合气中空气质量(kg)之比。( )

33. 稳定工况,按照负荷大小划分为冷起动、暖机及加速三种。( )

34. 发动机机油燃烧会造成排气管冒蓝烟。( )

35. 汽油可燃混合气为理论混合气,其过量空气系数 $\alpha=1$。( )

36. 混合气过稀会造成汽车加速无力。( )

37. 发动机的加速是指负荷突然迅速增加的过程。( )

38. 过量空气系数大于 1 的混合气称为浓混合气。( )

39. 空燃比小于 14.7 的混合气称为稀混合气。( )

40. 怠速工况下节气门处于接近关闭位置,要求混合气较浓。( )

41. 冷起动是发动机在外力驱动下起动时,转速很低,只有 200 r/min 左右。( )

42. 爆震燃烧会加剧发动机机件的磨损。( )

43. 剧烈的爆燃可使发动机功率上升,油耗下降。( )

44. 表面点火是指凡是不靠火花塞点火而由燃烧室炽热表面点燃混合气的现象。( )

45. 混合气过浓($\alpha=0.4\sim0.5$)为火焰传播下限。( )

四、综合题

1. 下图是电喷汽油机燃油系统结构图。

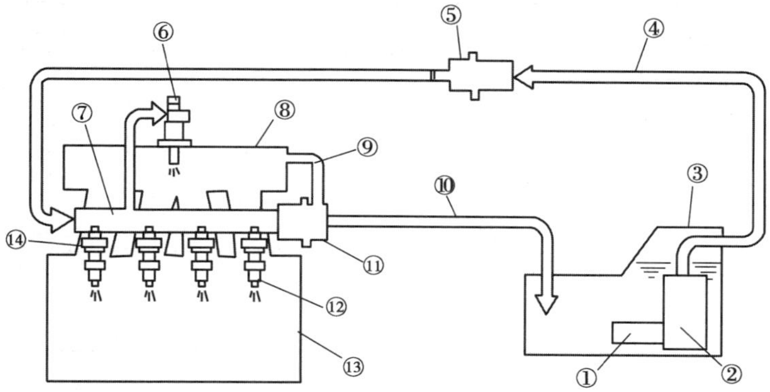

写出上图中序号对应的零件名称。

数字序号	名称
②	
③	
⑤	
⑧	
⑫	

2. 下图是电动汽油泵结构图。

——→ 正常的流动路线

- - -→ 安全阀打开时的流动路线

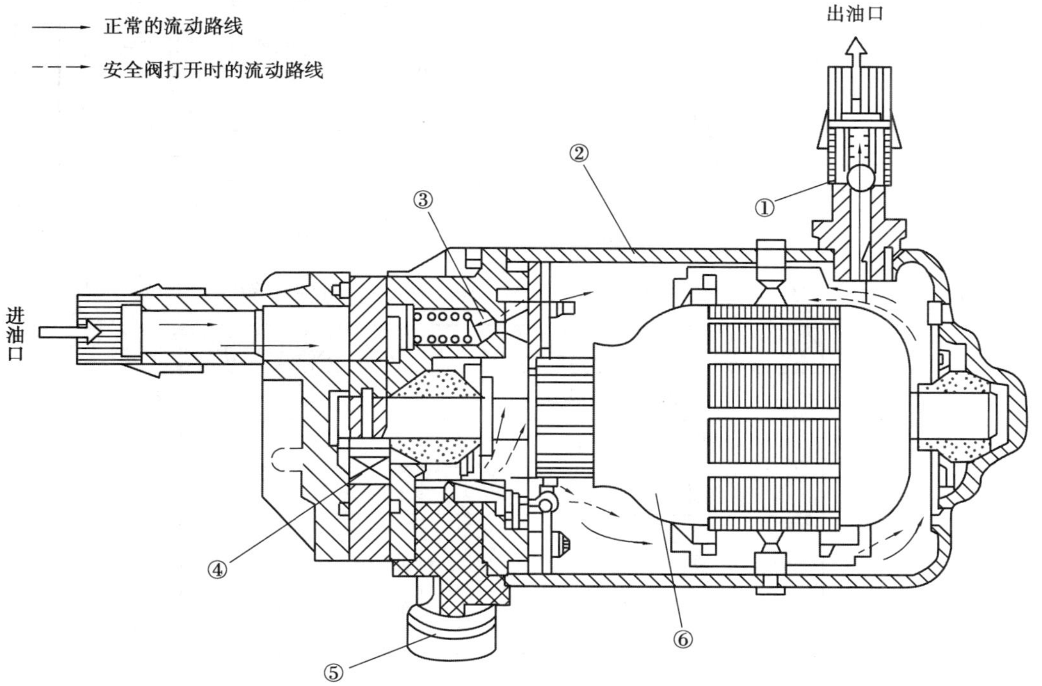

写出上图中数字序号对应的零件名称。

数字序号	名称
①	
②	
③	
④	
⑤	
⑥	

3. 下图是电喷汽油机燃油系统结构图。

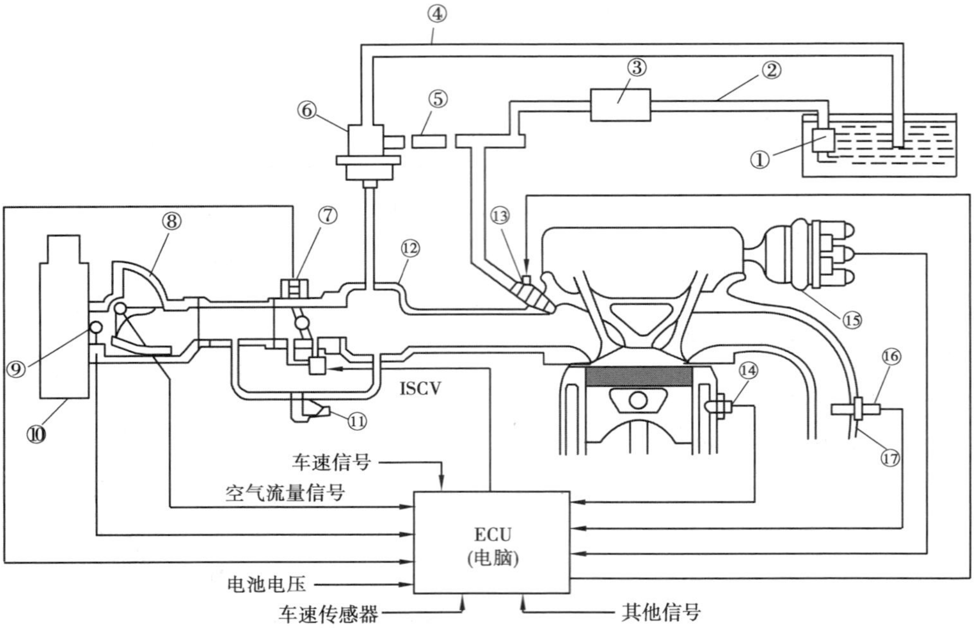

请从上图找出零件名称对应的数字序号,填写在表中对应位置。

名称	数字序号
曲轴位置传感器	
节气门位置传感器	
燃油压力调节器	
空气滤清器	
水温传感器	
电动汽油泵	

4. 简述 L 型汽油喷射系统与 D 型汽油喷射系统的区别。

5. 写出可燃混合气浓度的两种表示方法及公式。

6. 简述表面点火与爆燃之间的关系。

第二节　电喷汽油机燃油系统故障的检查与诊断

一、填空题

1. 电喷汽油机的故障检查和诊断宜采用＿＿＿＿＿＿和＿＿＿＿＿＿相结合的检查和诊断方法。

2. 解码器带有两个插头：一个插头是＿＿＿＿＿＿，可以插在车内点烟器的插座内，也可以直接用线夹夹在蓄电池的正负极上，另一个插头为解码器的诊断插头，它与汽车上的诊断座对接。

3. 电喷汽油机的汽油泵多数安装在＿＿＿＿＿＿中。

4. 喷油器的电阻应为＿＿＿＿＿＿。

二、单选题

1. 发动机不能起动，运转不稳，运转中熄火的原因是（　　）。

A. 电动汽油泵故障　　B. 汽油滤清器故障

C. 压力调节器故障　　D. 喷油器故障

2. 汽油滤清器堵塞会造成的现象是（　　）。

A. 喷油器不工作　　B. 电动汽油泵不工作

C. 喷油压力过低　　D. 喷油控制信号不良

3. 发动机不能起动，运转不稳，排气管放炮，油耗增加的原因是（　　）。

A. 电动汽油泵故障　　B. 汽油滤清器故障

C. 压力调节器故障　　D. 喷油器故障

4. 喷油器针阀密封不严造成的现象是(　　)。

A. 喷油器不工作　　B. 电动汽油泵不工作

C. 喷油器漏油　　D. 喷油控制信号不良

三、判断题

1. 在汽油泵使用过程中要保持潜入汽油,不要在油箱内汽油用完之后再补充汽油。(　　)

2. 应在专用的喷油器试验台上检测和清洗喷油器。(　　)

3. 喷油器工作时,可以听到阀门开启喷油时的“嘶嘶”声,其声音大小与发动机的转速成反比。(　　)

4. 喷油器安装时,应更换新的密封圈,安装前应涂大量润滑油,以免损坏密封圈。(　　)

四、综合题

1. 简述清除故障码的多种方法。

2. 如何检查喷油器请写出相应步骤。

第七章　柴油机燃油喷射系统的构造与维修

教学目标

1. 掌握柴油机燃油系统的功用、组成及类型。
2. 了解柴油机的燃烧过程及混合气的形成条件。
3. 掌握柴油机燃油系辅助装置的构造及工作原理。
4. 掌握 P 型和 A 型柱塞式喷油泵的构造和工作原理。
5. 掌握 RQ 型两级式调速器的构造和工作原理。
6. 了解喷油泵的驱动与喷油正时方法。
7. 了解机械离心式喷油提前器的构造和工作原理。
8. 掌握 VE 型分配泵的构造与工作原理。
9. 掌握喷油器的构造和工作原理。
10. 了解 PT 燃油系统的组成及特点。
11. 了解 PT 型喷油器和燃油泵的构造及工作原理。
12. 了解柴油机电控燃油喷射技术的优点及其演变过程。
13. 掌握柴油机电控共轨系统的组成及作用。
14. 掌握柴油机电控共轨燃油系统供给系统主要部件的结构与工作原理。
15. 了解精密偶件的磨损对柴油机工作的影响。
16. 了解精密偶件的检验方法。
17. 了解输油泵的检修方法。
18. 了解柴油机燃油系统的维护方法。
19. 掌握柴油机燃油系统的常见故障诊断与排除方法。

教学目标项目表

知识要点	认知要求		
	了解	熟悉	掌握
1. 柴油机燃油系统的功用、组成及类型			√
2. 柴油机的燃烧过程及混合气的形成条件	√		

续表

知识要点	认知要求		
	了解	熟悉	掌握
3. 柴油机燃油系辅助装置的构造及工作原理			√
4. P 型和 A 型柱塞式喷油泵的构造和工作原理			√
5. RQ 型两级式调速器的构造和工作原理			√
6. 喷油泵的驱动与喷油正时方法	√		
7. 机械离心式喷油提前器的构造和工作原理	√		
8. VE 型分配泵的构造与工作原理			√
9. 喷油器的构造和工作原理			√
10. PT 燃油系统的组成及特点	√		
11. PT 型喷油器和燃油泵的构造及工作原理	√		
12. 柴油机电控燃油喷射技术的优点及其演变过程	√		
13. 柴油机电控共轨系统的组成及作用			√
14. 柴油机电控共轨系统的燃油供给系统主要部件的结构与工作原理			√
15. 精密偶件的磨损对柴油机工作的影响	√		
16. 精密偶件的检验方法	√		
17. 输油泵的检修方法	√		
18. 柴油机燃油系统的维护方法	√		
19. 柴油机燃油系统的常见故障诊断与排除方法			√

第一节　柴油机燃油系统的构造与工作原理

一、填空题

1. 柴油机燃油系统由________、________和________等主要部件及________、________、________、喷油提前器和高、低压油管组成。

2. 喷油泵安装在________的一侧。

3. 喷油提前器和调速器分别用于自动调节喷油提前角和稳定柴油机的________。

4. ____________到____________入口这段油路的油压是由输油泵建立的，其压力较低，称为低压油路。

5. 传统的柴油机燃油系统有____________、____________、____________三种类型。

6. 喷油器开始喷油时刻的____________与其转至____________位置时的夹角称为喷油提前角。

7. 燃烧过程按曲轴转角划分为____________、____________、____________、____________。

8. 柴油机燃烧室按其结构形式可分为____________、____________两大类。

9. 柴油滤清器多串联在____________和____________之间。

10. 柴油的黏度大，____________和流动性比汽油差。

11. 输油泵安装在____________泵体外侧，直列泵通常用____________。

12. 输油泵偏心轮的形式通常有两种。当采用单偏心轮时，凸轮轴转一圈，输油泵泵____________；采用双偏心轮时，凸轮轴每转一圈，输油泵泵____________。

13. 喷油泵的作用是按照柴油机的工况需要定时、定量地向____________输送高压燃油。

14. 柱塞式喷油泵有____________、____________、____________系列。

15. P型喷油泵由____________、____________、____________和____________等零部件组成。

16. 柱塞和柱塞套是一对不可互换的____________，称为____________。

17. 油泵每次泵出油量的多少，取决于____________的长短。改变____________，即可改变____________。

18. 出油阀压紧座中装有一个____________，其作用是减少高压油腔容积，改善喷油过程，同时起限制出油阀最大升程的作用。

19. 凸轮轴上相邻工作两缸凸轮间的夹角称为____________。

20. 柴油发动机的调速器按其功能可分为____________、____________。

21. 调速器按转速传感方式分为____________、____________、____________。

22. 喷油器主要由____________、____________和____________三部分组成。

23. 按喷油嘴结构形式的不同，喷油器可分为____________和____________。

24. 喷油嘴是____________和____________组成的一对精密偶件。

25. ____________喷油嘴用于直接喷射式燃烧室；轴针式喷油嘴用于____________和____________燃烧室。

26. 轴针式喷油嘴根据结构上的差异分为____________、____________和____________等。

27. PT燃油泵的作用是____________、____________和____________。

28. 采用电控燃油喷射技术可显著降低柴油机的____________及____________、____________。

29. 将柴油喷入燃烧室的部件称为____________。

30. 在油量调节拉杆位置不变时，供油量随转速增减而增减的关系称为__________。

二、单选题

1. 以下不属于国内外应用广泛的柱塞式喷油泵系列的是(　　)。

A. A 型　　B. B 型　　C. W 型　　D. P 型

2. 柱塞式喷油泵的速度特性表明，当供油拉杆位置不变时，喷油泵每循环供油量随(　　)。

A. 转速越高，喷油量越多　　B. 转速越高，喷油量越少

C. 与转速无关　　D. 以上都不对

3. 下列不属于柴油机燃料供给系低压回路部件的是(　　)。

A. 输油泵　　B. 滤清器

C. 低压油管　　D. 喷油泵

4. 柴油机混合气是在(　　)内完成的。

A. 进气管　　B. 燃烧室

C. 化油器　　D. 排气管

5. 柴油机燃烧过程中，气缸内温度达到最高是在(　　)。

A. 后燃期　　B. 速燃期

C. 缓燃期　　D. 备燃期

6. 四冲程柴油发动机在进气行程时，进入气缸的是(　　)。

A. 纯空气　　B. 氧气

C. 可燃混合气　　D. 纯燃料

7. 向右移动油量调节套筒可推迟泵油终止时刻，使柱塞有效行程增大，供油量(　　)。

A. 减少　　B. 不变

C. 增加　　D. 先减少后增加

8. 下列能将柴油从油箱中吸出，并建立一定油压的部件是(　　)。

A. 输油泵　　B. 喷油泵

C. 滤清器　　D. 调速器

9. 喷油器工作间隙漏泄的极少量柴油经(　　)流回柴油箱。

A. 回油管　　B. 高压油管

C. 低压油管　　D. 喷油泵

10. 下列能将柴油雾化成细小的颗粒，并分布在燃烧室的部件是(　　)。

A. 喷油泵　　B. 喷油器

C. 喷油提前器　　D. 调速器

11. 下列不属于柴油机发动机总成的系统是(　　)。

A. 燃油系统　　B. 点火系统
C. 起动系统　　D. 排气系统

12. 柴油机燃油系统中产生高压燃油的部件是(　　)。
A. 输油泵　　B. 调速器
C. 喷油泵　　D. 滤清器

13. 柴油机喷油泵与喷油器之间的部件是(　　)。
A. 低压油管　　B. 高压油管
C. 回油管　　D. 滤清器

14. 柴油机气缸压力急剧上升的时期称为(　　)。
A. 备燃期　　B. 速燃期
C. 缓燃期　　D. 后燃期

15. 四行程柴油发动机可燃混合气形成在(　　)。
A. 缸内　　B. 进气歧管
C. 喷油泵　　D. 柴油滤清器

16. 柱塞式喷油泵改变供油量大小是通过油量调节机构来改变柱塞的(　　)。
A. 减压带行程　　B. 有效行程
C. 总行程　　D. 剩余行程

17. 柱塞喷油泵循环供油量的多少,取决于(　　)。
A. 喷油泵凸轮轴升程的大小　　B. 柱塞有效行程的长短
C. 喷油泵出油阀弹簧张力的大小　　D. 柱塞行程的长短

18. 柱塞式喷油泵通过滚轮体的调整螺钉或调整垫块可以(　　)。
A. 改变喷油泵各分泵的供油时刻
B. 改变喷油泵的供油压力
C. 改变喷油泵的循环供油量
D. 改变各分泵的有效行程

19. 柴油机的供油提前角是指(　　)。
A. 从泵油始点到喷油始点　　B. 从泵油始点到燃烧始点
C. 从泵油始点到活塞上止点　　D. 从泵油始点到着火点

20. 在喷油器工作时,少量回油对针阀起到的作用是润滑和(　　)。
A. 散热　　B. 密封
C. 泄压　　D. 冷却

21. PT 燃油系统通过两个因素控制循环供油,分别是压力和(　　)。
A. 数量　　B. 时间
C. 质量　　D. 体积

22. 柴油机燃料供给系的输油泵多采用(　　)。
A. 膜片式　　B. 活塞式

C. 齿轮式　　D. 电动式

23. 凸轮轴上相邻工作两缸凸轮间的夹角为供油间隔角，四缸发动机的供油间隔角为(　　)。

A. 60°　　B. 90°

C. 120°　　D. 180°

24. 柴油机安装调速器是为了(　　)。

A. 维持柴油机转速稳定　　B. 维持供油量不变

C. 自动改变汽车车速　　D. 自动调整供油提前角

25. 以下不属于按转速传感方式分类的调速器的是(　　)。

A. 气动式　　B. 两极式

C. 机械离心式　　D. 复合式

三、判断题

1. 柴油比汽油的黏度大。(　　)

2. 一般来说，柴油机采用的过量空气系数比汽油机大。(　　)

3. 柴油机的组成部分有点火系统，而汽油机没有点火系统。(　　)

4. 备燃期的气缸压力达到最高，而温度也达到最高。(　　)

5. 喷油器的主要作用是将柴油雾化，所以只要喷油嘴的孔径、压力相同都能相互更换。(　　)

6. 喷油提前角过大，会造成柴油机“敲缸”。(　　)

7. 喷油提前角过小，使柴油机水温升高，排气冒黑烟，功率下降。(　　)

8. 维修时，如果更换了喷油阀，则必须对喷油阀进行与喷油系统匹配的操作，并要进行喷油量对比试验。(　　)

9. 精密偶件必须成对更换。(　　)

10. 精密偶件的加工精度极高，可以进行互换。(　　)

11. 柴油机具有燃烧充分，热效率高，燃油消耗低的特点。(　　)

12. 柴油机具有故障多、使用成本高的特点。(　　)

13. 调速器可以防止柴油机“飞车现象”。(　　)

14. 柴油机喷油器的作用是定时、定量输送高压燃油。(　　)

15. 柱塞式喷油泵的速度特性，是指当供油拉杆位置不变时，每循环供油量随发动机转速增加而减小。(　　)

四、综合题

1. 下图是柴油机燃油供给装置结构图。

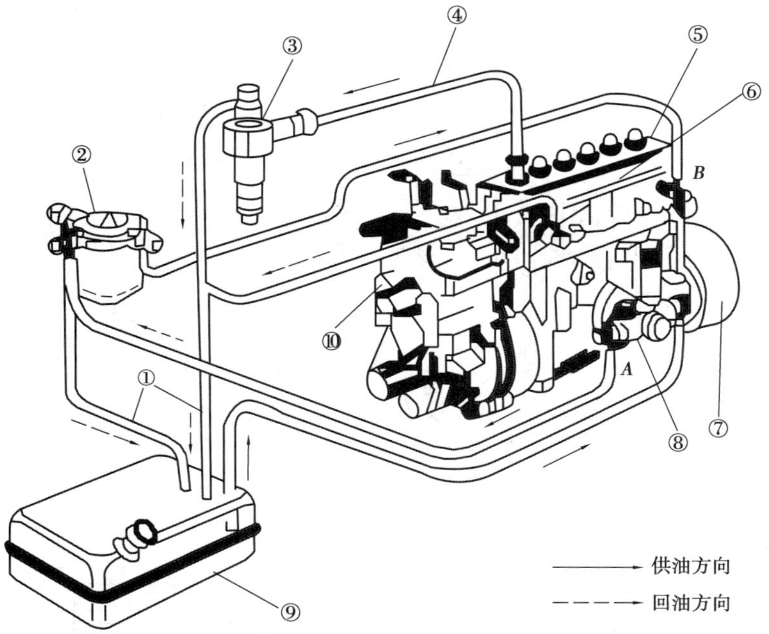

写出上图中数字序号对应的零件名称。

数字序号	名称
①	
②	
③	
④	
⑤	
⑥	
⑦	
⑧	
⑨	
⑩	

2. 下图是齿条齿圈式油量调节机构的结构图。

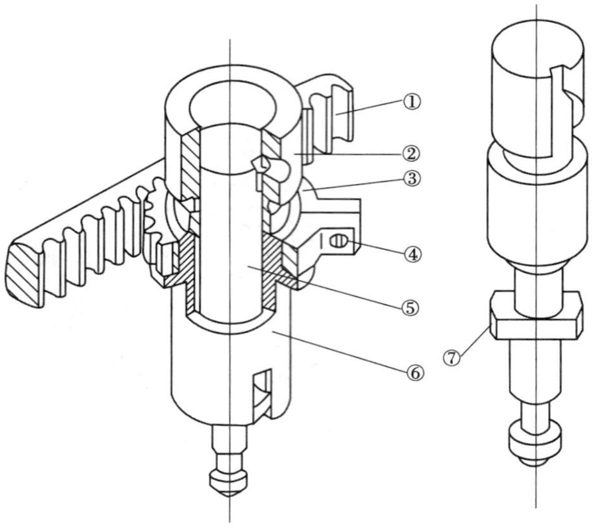

写出上图中数字序号对应的零件名称。

数字序号	名称
①	
②	
③	
④	
⑤	
⑥	
⑦	

3. 下图是悬挂式柱塞套结构图。

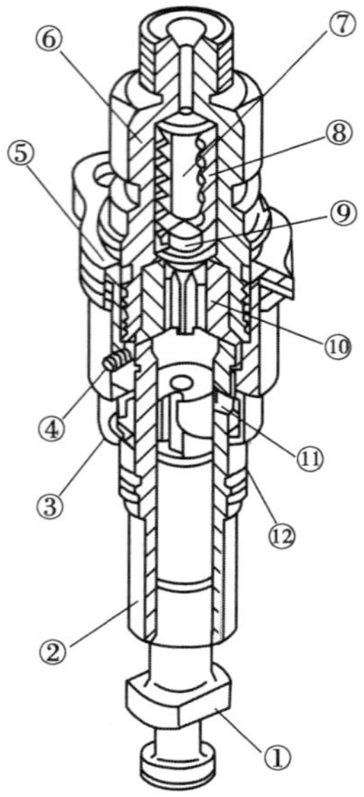

请从上图找出零件名称对应的数字序号，填写在表中对应位置。

名称	数字序号
定位销	
出油阀弹簧	
柱塞	
减容体	
柱塞套	

4. 下图是孔式喷油嘴结构图。

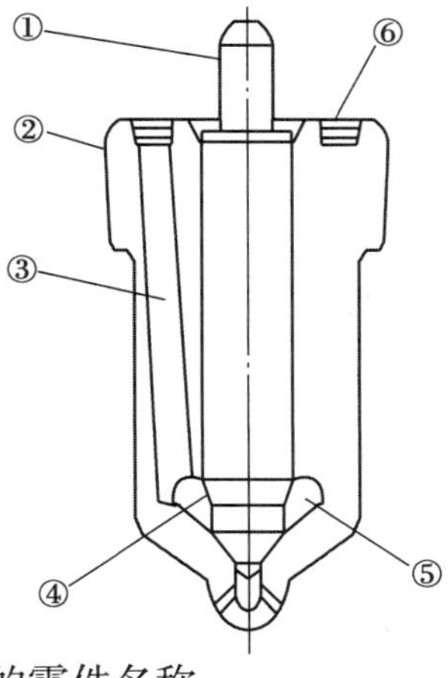

写出上图中数字序号对应的零件名称。

数字序号	名称
①	
②	
③	
④	
⑤	
⑥	

5. 下图是电控共轨燃油系统结构图。

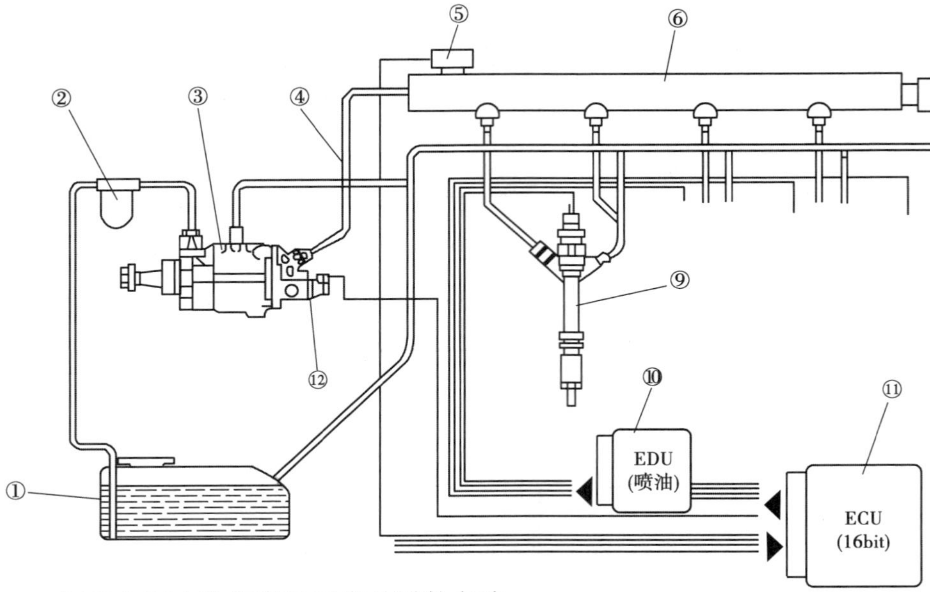

写出上图中数字序号对应的零件名称。

数字序号	名称
①	
②	
③	
④	
⑤	
⑥	
⑦	
⑧	
⑨	

6. 下图是柱塞式喷油泵结构图。

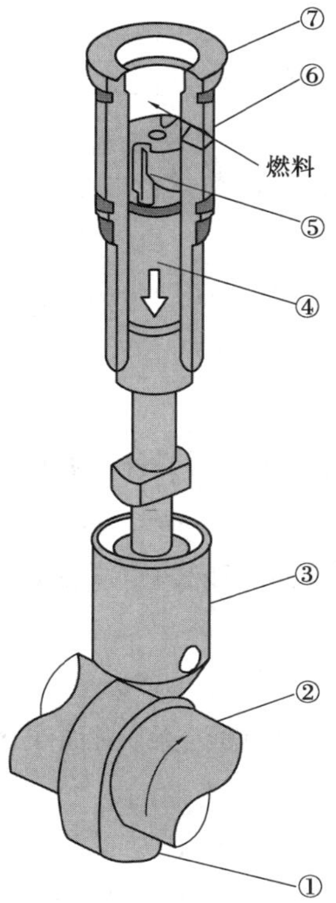

写出上图中数字序号对应的零件名称。

数字序号	名称
①	
②	
③	
④	
⑤	
⑥	
⑦	

第二节　柴油机燃油系统的维修

一、填空题

1. 柴油机燃油系统三大精密偶件是____________、____________和____________。

2. 精密偶件磨损后会造成柴油机起动困难、怠速运转不平稳、____________、____________、排气冒黑烟和工作粗暴等现象。

3. 柱塞和柱塞套是喷油泵最主要的精密偶件，其圆度和圆柱度为____________mm。

4. 出油阀偶件的检验方法有＿＿＿＿＿＿、＿＿＿＿＿＿和＿＿＿＿＿＿。

5. 喷油泵试验调整的内容包括＿＿＿＿＿＿、＿＿＿＿＿＿和＿＿＿＿＿＿的调整。

6. 输油泵装复后，要进行的试验有密封性试验、＿＿＿＿＿＿、＿＿＿＿＿＿、输油压力的检验。

7. 喷油嘴偶件的主要磨损部位有针阀的导向柱面、＿＿＿＿＿＿和＿＿＿＿＿＿。

二、单选题

1. 出油阀的磨损主要是在锥形密封面，其次为减压环带的(　　)。

A. 上部　　B. 中部　　C. 下部　　D. 不确定

2. 利用滑动性试验进行检验是将在柴油中浸泡过的柱塞偶件，用手指拿住柱塞套倾斜(　　)左右。

A. 60°　　B. 70°　　C. 90°　　D. 80°

3. 输油量的检验是将输油泵装回喷油泵，输油泵的出口接油管，油管出口插入容量为 500 ml 的量杯中，量杯的位置必须高于输油泵(　　)。

A. 0.1 m　　B. 0.2 m　　C. 0.3 m　　D. 0.4 m

4. 采用垫片调整喷油压力时，每只喷油器只能用(　　)个垫片。

A. 一　　B. 二　　C. 三　　D. 四

5. 在柱塞外表面的磨损处可以清楚地看到磨损的沟槽，并呈(　　)。

A. 黑色　　B. 白色　　C. 蓝色　　D. 红色

三、判断题

1. 通常是三大精密偶件同时磨损，其总的后果是导致喷油时间滞后、喷油延续角减小、喷油量减少和喷雾质量变坏。(　　)

2. 在修理作业中一般用密封性及滑动性试验，或采用外观目测的方法来判断精密偶件配合的技术状态。(　　)

3. 输油泵活塞与壳体由于磨损出现配合松旷和运动不平稳时，不应更换新泵。(　　)

4. 对于加入燃油系中的柴油的洁净程度要求十分严格，不但加油器需要洁净，而且柴油至少要经过 24 h 的沉淀之后，才能加入油箱中。(　　)

5. 为保证燃料的清洁，必须对柴油滤清器和油水分离器进行定期维护。(　　)

四、综合题

1. 简述输油泵维护的步骤。

2. 简述出油阀偶件的检验方法。

第三节　柴油机燃油系统的常见故障诊断与排除

一、填空题

1. 柴油机燃油系统的常见故障有发动机不能起动或____________、____________、____________、____________、排气烟色不正常及发动机超速等。

2. 常见的发动机动力不足表现为：发动机运转均匀，____________，排气管排气量____________；发动机运转不均匀，排气管排烟不正常等。

3. 柴油机在常用工况下，排气管排除的废气，应是____________或接近无色透明的气体。

4. 当柴油机产生类似敲缸声，应首先确定是____________敲击还是____________敲击。

5. 无论是正在行驶的汽车还是停驶的汽车，一旦出现“飞车”，首先要采取紧急措施，设法____________，避免事故发生。

二、单选题

1. 对于柴油发动机来说，能正常起动，不需要满足的条件是(　　)。

A. 适当的燃油供给条件　　B. 充分的压缩压力

C. 充足的氧气供给　　D. 足够的起动转速

2. 造成柴油发动机起动困难的原因中不属于低压油路原因的是(　　)。

A. 油箱内存油不足　　B. 喷油器喷孔堵塞

C. 柴油滤清器堵塞　　D. 喷油泵溢流阀不密封

3. 下列不属于喷油泵供油不足原因的是(　　)。

A. 喷油泵油量调节拉杆达不到最大供油位置

B. 喷油泵出油阀密封不良

C. 喷油泵柱塞磨损过甚

D. 喷油泵溢流阀不密封

4. 引起超速的主要原因是(　　)。

A. 喷油泵故障　　B. 调速器故障

C. 运转中机油进入燃烧室燃烧　　D. 以上都是

5. 当汽车出现飞车故障时,下列紧急措施中,正确的做法是(　　)。

A. 紧急制动直至停车　　B. 脱挡滑行

C. 行驶中立即断油使发动机熄火　　D. 踩离合器使车辆停下来

三、判断题

1. 发动机起动时无着车迹象,排气管不排烟,说明柴油没有进入气缸,重点检查供给系的堵塞、漏气和某些零部件的损坏。(　　)

2. 将喷油泵放气螺钉松开,扳动手油泵,观察放气螺钉处是否流油,若不流油,则说明故障出在高压油路。(　　)

3. 诊断高压油路故障时,应首先确定故障出自喷油泵还是喷油器。(　　)

4. 喷油器可在喷油器试验器上进行试验。(　　)

5. 发动机动力不足,运转不均匀,排气管冒出大量蓝烟。(　　)

6. 柴油机的供油时间应随转速的增加而延后。(　　)

7. 柴油机的转速失去控制,急转不止的现象称为“飞车”。(　　)

8. 运行中的汽车出现飞车故障,应脱挡或踩下离合器,以便车辆更快停车。(　　)

四、综合题

1. 常见的发动机动力不足的表现有哪些?

2. 简述发动机低压油路故障的原因。

第八章　进排气系统及排污净化装置

教学目标

1. 熟悉进气系统的组成及其各部分的类型、结构、功用和工作原理。
2. 熟悉排气系统的组成及其各部分的类型、结构、功用和工作原理。
3. 了解进气增压装置的类型、组成、功用、结构和工作原理。
4. 了解涡轮增压系统的类型及涡轮增压器的结构和工作原理。
5. 了解主要排污净化装置的类型、功用、结构和工作原理。
6. 了解进排气系统的维修。

教学目标项目表

知识要点	认知要求		
	了解	熟悉	掌握
1. 空气滤清器的功用			√
2. 空气滤清器的机构	√		
3. 进气导流管及进气歧管的作用			√
4. 进气谐振增压的作用		√	
5. 进气谐振增压的分类		√	
6. 进气系统的组成			√
7. 排气系统的组成			√
8. 消声器的作用		√	
9. 进气增压的分类		√	
10. 排污净化装置的组成		√	
11. 排污净化装置的作用		√	
12. 进排系统的维修	√		

第一节　进气系统

一、填空题

1. 一般进气系统主要由____________、____________和____________组成。

2. 纸质空气滤清器可分为____________和____________。

3. 进气谐振增压可以提高____________，降低____________及____________。

4. 可变进气歧管谐振增压可根据发动机____________和____________的变化，通过电控单元控制，而自动改变有效长度，在所有转速下都可使发动机转矩平均提高8%。

二、单选题

1. 下列不属于进气系统部件的是(　　)。
A. 空气滤清器　B. 排气歧管　C. 进气歧管　D. 进气导流管

2. 下列不属于空气滤清器分类的是(　　)。
A. 纸滤芯空气滤清器　B. 油浴式空气滤清器
C. 离心式及复合式空气滤清器　D. 机油滤清器

3. 进气谐振增压系统的优点不包括(　　)。
A. 净化　B. 排污
C. 提高发动机动力性能　D. 降低油耗

4. 将进气均匀分配到各个气缸的部件是(　　)。
A. 进气歧管　B. 空气流量计　C. 空气滤清器　D. 节气门

5. 空滤器的主要功用是使进气洁净，减少(　　)磨损。
A. 气缸　B. 气门　C. 活塞　D. 进气歧管

6. 以下不属于进气谐振增压系统的是(　　)。
A. 进气导流管　B. 进气歧管　C. 谐振室　D. 节气门

7. 在进气歧管与缸盖接合面处装有外包铜皮的(　　)衬垫。
A. 金属　B. 石棉　C. 金属-石棉　D. PVC

三、判断题

1. 一般进气系统主要由空气滤清器、进气导流管和进气歧管组成。(　　)

2. 干式纸滤芯空气滤清器不可以反复使用，湿式纸滤芯空气滤清器可以反复使用。(　　)

3. 纸滤芯空气滤清器可分为干式、湿式、油浴式三种。(　　)

4. 进气歧管的功用是将各缸废气引导出气缸。(　　)

5. 进气谐振增压可以提高发动机的动力性能。(　　)

6. 进气歧管通常都是复合塑料制成的,用螺栓固装在气缸盖侧面。(　　)

7. 油浴式空滤器适用于在多尘环境中工作的发动机上,可定期清洗长期使用。(　　)

8. 矿山车多采用离心式与纸滤芯式相结合的双级复合式空滤器。(　　)

9. 谐振压力波的波长与进气管的长度成反比。(　　)

10. 长进气管可产生波长较长的谐振压力波,适用于发动机中、低转速时多进气,反之则有利于高速时多进气。(　　)

四、综合题

1. 简述进气歧管的组成。

2. 简述空气滤清器的功用。

第二节　排气系统

一、填空题

1. 直列型电喷汽油机的单排气系统由________、________、________和________组成。

2. V 形发动机采用双排气系统的优点是降低了________,使________,缸内________减少,________,提高了发动机的功率和转矩。

3. ________、________、________和________是消声器的四种基本结构形式。

二、单选题

1. 氧传感器通常安装在(　　)上。

A. 排气歧管　　B. 三元催化转换器

C. 消声器　　D. 排气管

2. 用于检测排气温度，有效地转化排气中的有害气体，该温度传感器安装在(　　)上。

A. 排气歧管　　B. 三元催化转换器

C. 消声器　　D. 排气管

3. 以下不属于双排气系统优点的是(　　)。

A. 降低排气阻力　B. 残余废气减少　C. 提高功率　D. 排气增加

4. 下列关于排气系统作用的描述，错误的是(　　)。

A. 引导废气排出　　B. 降低排气噪声

C. 减少有害排放物　　D. 提高排气阻力

5. 以下不属于消声器分类的是(　　)。

A. 吸收式　B. 干涉式　C. 扩张式　D. 磁共振式

三、判断题

1. V 形发动机的两侧各装有一个排气歧管。(　　)

2. 消声器通过提高排气压力和衰减排气压力脉动波来消耗排气能量。(　　)

3. 消声器中的吸收式是用吸声材料消减中、低频噪声。(　　)

4. 排气系统分为单排气系统与双排气系统。(　　)

5. 排气系统没有温度传感器。(　　)

四、综合题

简述消声器的功用。

第三节　进气增压装置

一、填空题

1. 涡轮增压器主要由____________和____________组成。

2. 涡轮增压系统按增压器的个数分为____________系统和____________系统。

3. 中冷器可用发动机冷却系的____________水冷，也可以用汽车前部进风____________。

二、单选题

1. 柴油机的发动机多采用(　　)。

A. 气波增压器　B. 机械增压器　C. 涡轮增压　D. 废气涡轮增压

2. 下列不属于汽车进气增压装置分类的是(　　)。

A. 进气谐振增压　　B. 燃气涡轮增压

C. 机械增压器　　D. 气波增压器

3. 下列属于涡轮增压部件的是(　　)。

A. 泵轮　　B. 压缩机　　C. 导轮　　D. 涡轮机

三、判断题

1. 中冷器的作用是使空气压缩后,因温度升高,密度变大。(　　)

2. 目前,在进气增压技术中应用较多的是机械增压器增压。(　　)

3. 近年,车用柴油机越来越多地采用了涡轮增压。(　　)

4. 中冷器可用于增加空气的密度,加大气缸的进气质量。(　　)

四、综合题

1. 简述进气增压的概念。

2. 简述气波增压的原理。

第四节　排污净化装置

一、填空题

1. 汽车尾气中的主要污染物有____________、____________、____________、____________和微粒等。

2. 催化剂的有效催化温度不低于____________,其最佳工作温度为____________。

3. 混合气为____________时,催化剂的转化效率才最高。

4. 氮氧化物的生成量随____________的增大而增多。

5. PVC 阀的功用是根据____________的变化自动调节进入气缸的曲轴箱____________的数量。

6. 催化转化器分为＿＿＿＿＿＿和＿＿＿＿＿＿。

二、单选题

1. 三元催化转换器不能减少(　　)的排放。

A. 一氧化碳　B. 氮氧化物　C. 碳氢化合物　D. 二氧化硫

2. 柴油机的排污问题最为严重的是(　　)。

A. 一氧化碳　B. 炭烟微粒　C. 碳氢化合物　D. 二氧化硫

3. 以下不属于微粒过滤器再生技术的是(　　)。

A. 电加热　B. 微波再生技术　C. 光能率　D. 额外喷油燃烧

4. 为了防止汽油箱产生的(　　)向大气中扩散,电喷发动机采用了汽油蒸发污染控制装置。

A. 汽油蒸气　B. 炭烟微粒　C. 有害物　D. 水蒸气

5. 下列说法错误的是(　　)。

A. 三元催化转换器可同时减少 CO、HC、NO_x的排放

B. 废气再循环装置使最高燃烧温度降低,从而减少 NO_x的生成

C. 汽油蒸发污染控制装置可降低 SO_2的生成

D. 汽油蒸发污染控制装置提高了燃油的经济性

6. 发动机产生的有害排放物不包括(　　)。

A. 一氧化碳　B. 碳氢化合物

C. 氮氧化合物　D. 二氧化碳

7. 下列说法错误的是(　　)。

A. CO 是在低温缺氧下形成的

B. HC 是由二氧化碳和水按一定比例融合而成的

C. NO_x是在高温富氧下产生的

D. HC 是由燃料未燃烧或未完全燃烧产生的

三、判断题

1. 催化转换器与排气并联安装。(　　)

2. 如果温度高达 1 000 ℃以上会使催化器损坏。(　　)

3. 汽车每行驶 300 至 500 km,微粒过滤器需进行一次再生。(　　)

4. 氮氧化物是在工作容积的高温、富氧条件下生成的。(　　)

5. 在全负荷或高转速时,为使发动机有足够的动力性,不进行排气再循环。(　　)

6. 汽车排放污染物的来源只有排气管排放的废气。(　　)

7. 对人和生物有毒害作用的主要污染物有一氧化碳、碳氢化合物、氮氧化合物、二氧化硫和微粒。(　　)

8. 排气再循环装置只在发动机怠速和高速时工作。(　　)

9. 汽油蒸发污染控制装置可以降低 NO_x 的生成。(　　)

四、综合题

1. 简述解决汽车排污的途径。

2. 简述二次空气喷射装置的功用。

3. 简述采用 EGR 装置降低氮氧化物排放量的基本原理。

第五节　排污净化装置的维修

一、填空题

1. ____________堵塞后，会造成发动机怠速运转不稳或频繁熄火。
2. 蒸发污染控制装置故障后会引起发动机____________。

二、单选题

1. 以下不属于 PVC 阀堵塞的后果是(　　)。
A. 怠速不稳　　B. 抖动　　C. 频繁熄火　　D. 机油倒流
2. 以下描述正确的是(　　)。
A. 蒸发污染控制装置的故障会引起怠速不稳
B. 蒸发污染控制装置出现故障直接更换新的
C. 蒸发污染控制装置检修时只检查排放控制阀是否灵活

D. 蒸发污染控制装置的检修无须检查油箱盖上的真空阀

三、判断题

1. PVC 阀堵塞后机油会倒流入空气滤清器。(　　)

2. PVC 阀堵塞后直接更换。(　　)

3. 蒸发污染控制装置的故障只有阀门动作失灵。(　　)

四、综合题

1. 简述 PVC 阀堵塞后出现的状况。

2. 简述蒸发污染控制系统的检修重点。

第九章　发动机的装配、调整与磨合

教学目标

1. 了解发动机的装配和调整。
2. 了解发动机的磨合。
3. 了解发动机总成修理竣工技术条件。

教学目标项目表

知识要点	认知要求		
	了解	熟悉	掌握
1. 发动机装配的基本要求			√
2. 发动机的装配工艺			√
3. 发动机的调整			√
4. 发动机磨合的作用		√	
5. 发动机磨合的规范			√
6. 发动机总成修理竣工一般技术要求	√		
7. 发动机总成修理竣工后的主要使用性能	√		

第一节　发动机的装配和调整

一、填空题

1. 发动机的装配是把新零件、可继续使用的零件、修理合格的零件、组合件和辅助总成,按照____________和____________装配成完整的发动机总成的工作过程。

2. 发动机装合之后,需进行____________和____________,用以改善摩擦副的技术状况。

3. 发动机____________是对发动机修理质量的综合检验和评定。

4. 对于拆卸后的零部件，其中____________和____________应全部换新。

5. 零件装配式的配合表面主要有____________配合、____________配合、____________配合三种。

6. 曲轴装好后，应该检查其____________，应符合维修手册要求。

二、单选题

1. 发动机在装配过程中，下列说法错误的是(　　)。

A. 油渍不落地　　B. 工量具不落地

C. 零件不落地　　D. 接油盆不落地

2. 下列部件在拆装后必须进行更换的是(　　)。

A. 气缸垫　　B. 连杆轴瓦

C. 活塞销　　D. 连杆螺栓

3. 下列零部件在装配过程中可以互换的是(　　)。

A. 2 缸/3 缸活塞　　B. 2 号/3 号曲轴轴承

C. 油底壳螺栓　　D. 2 缸/3 缸进气门

4. 在发动机装配过程中，气缸体上安装缸盖螺栓不得积存油液和污物的是(　　)。

A. 凸轮轴凸轮　　B. 盲螺孔

C. 正时齿轮　　D. 正时皮带轮

5. 在装配发动机时，如果需要敲击零件，必要时要垫上(　　)。

A. 铜棒　　B. 榔头

C. 铁棒　　D. 钢管

6. 对于用塑性域法拧紧的螺栓，第一步将螺栓按规定力矩拧紧后，并在螺栓前端做好标记，接下来第二步将螺栓拧紧(　　)。

A. 45°　　B. 60°

C. 90°　　D. 180°

7. 下列关于安装曲轴轴瓦的描述错误的是(　　)。

A. 安装时需要对轴瓦抹油　　B. 各主轴颈轴瓦可以互换

C. 安装时需要清洁轴瓦　　D. 轴瓦需对准缸体上的油孔

8. 下列关于检查凸轮轴正时齿轮啮合间隙的描述错误的是(　　)。

A. 用塑料间隙规测量　　B. 用塞尺测量

C. 需要相隔 120°选取三点测量　　D. 应将凸轮轴总成装配好后测量

9. 活塞偏缸的形式不包括(　　)。

A. 在全行程内始终偏向一个方向　　B. 在上、下止点各偏于一个方向

C. 在行程中部换向　　D. 在上止点以上、下止点以下偏向

三、判断题

1. 发动机的装配、磨合质量对发动机的修理质量没有影响。(　　)

2. 装配发动机时,只需要保持场地有较为稳定的温度即可。(　　)

3. 发动机竣工验收时,必须按照发动机总成修理竣工技术条件进行验收。(　　)

4. 发动机在装配过程中,只需要注意工作台清洁即可。(　　)

5. 气缸体上的缸盖螺栓孔在安装前需要进行喷油润滑,保证螺栓安装顺滑。(　　)

6. 发动机装配过程中,应该尽量使用专用工具来装配。(　　)

7. 发动机装配过程中不得用手锤直接击打。(　　)

8. 为确保各密封部位的密封,防止漏水、漏油、漏气、漏电,重要密封部位不用涂密封胶。(　　)

9. 对于直列四缸的发动机曲轴来说,安装时只需要在 3 号主轴颈抹油即可。(　　)

10. 装配直列四缸发动机曲轴轴承盖时,应先拧紧第三道主轴颈轴承盖。(　　)

四、综合题

1. 发动机在装配过程中的注意事项有哪些?

2. 活塞的偏缸形式有哪几种?

第二节　发动机的磨合

一、填空题

1. 发动机装配完毕后,需进行____________及磨合过程中的____________、____________和维护才能装车出厂。

2. 对于装配出厂后的发动机来说,发动机需要经过一段____________期,才能投入正常工作。

3. 对于新零件或修理后的零件,微观接触面在高应力、高摩擦热的作用下容易产生

__________和__________，引起咬粘等破坏性故障。

4. 发动机磨合设备一般是一个大型的联合装置，一般是由连接发动机的凸缘盘、__________、__________、润滑油供给装置、测油耗以及发动机转速的辅助设备组成。

5. 发动机磨合的第一个阶段包含了__________、__________两种。

6. 装好气缸盖和火花塞，借助气缸的压缩力来增加__________，可以提高磨合效率，取得较好的效果。

7. 对于发动机冷磨合来说，现行的润滑方式有__________、__________和机外润滑三种。

8. 热磨合的时间由每级磨合中的__________或润滑油的温度变化来判断。

9. 发动机的磨合的关键是__________、活塞环、__________和曲轴与轴承等配合副的磨合。

二、单选题

1. 下列不属于大修发动机后的测定参数的是(　　)。

A. 最大功率　　B. 最大转矩

C. 最低燃油消耗率　　D. 最大转速

2. 当配合间隙增大到合适范围内时，增加配合副的机油流量，改善的内容不包括(　　)。

A. 润滑效果　　B. 冷却效果

C. 清洗效果　　D. 紧固效果

3. 发动机的磨合显著提高了零件的抗磨损能力和抗疲劳能力，也提高了大修发动机的(　　)。

A. 可靠性和耐久性　　B. 动力性和经济性

C. 变形性和舒适性　　D. 可靠性和舒适性

4. 发动机磨合规范不包括(　　)。

A. 磨合转速　　B. 磨合载荷

C. 磨合时间　　D. 磨合强度

5. 对于发动机的无载热磨合来说，转速应该取(　　)(n 为发动机额定转速)。

A. $0.4\sim0.55n$　　B. $0.6\sim0.65n$

C. $0.7\sim0.75n$　　D. $0.3\sim0.45n$

6. 磨合规范的总时间一般是(　　)。

A. 120 ~ 135 min　　B. 136 ~ 150 min

C. 120 ~ 150 min　　D. 100 ~ 138 min

7. 发动机热磨合过程必须进行发动机的检查调整和(　　)。

A. 发动机性能试验　　B. 发动机温度试验

C. 发动机油耗试验　　　　D. 发动机功率试验

三、判断题

1. 大修发动机后，测量发动机功率达标即表示大修成功。(　　)

2. 发动机磨合的实质是发动机零件配合表面之间的摩擦运动的机械加工过程。(　　)

3. 大修发动机后，由于零件换新或修理，其配合表面单位实际接触面积的载荷会超过实际设计的载荷值。(　　)

4. 为了能短期形成适应正常工作条件的配合表面，应使新零件在特定的磨合规范下运动。(　　)

5. 发动机的磨合是在热磨合和测功的联合装置上完成的。(　　)

6. 发动机进行冷磨合时，如果起始转速很低，尤其是发动机自润滑磨合，曲轴溅油能力不足，机油泵输油压力过低，不能满足配合副很大摩擦阻力和摩擦热对润滑、冷却、清洁能力的需求，不会引起配合副破坏性损耗。(　　)

7. 由于高摩擦阻力和高摩擦热的限制要求，发动机起始转速可以过高。(　　)

8. 机外润滑可以提高发动机磨合过程中的可靠性。(　　)

9. 机外润滑是指由专门的泵送系统将润滑油泵送到发动机内部的形式。(　　)

10. 冷磨合转速一般采用三级调速。(　　)

四、综合题

1. 简述发动机的磨合过程。

2. 发动机的磨合有什么作用？

3. 发动机的磨合规范由什么组成，分为哪些类型？

第三节　发动机总成修理竣工技术条件

一、填空题

1. 发动机修理竣工后要求装备齐全、按规定完成了发动机磨合，无漏油、________、____________、____________现象。

2. 发动机在正常工作温度下，____________内能起动。

3. 气缸压力符合原厂规定，各缸压力差，汽油机应不超过各缸平均压力的____________，柴油机不超过____________。

二、单选题

1. 四冲程汽油机转速在 500 ~ 600 r/min 时，以海平面为准，进气歧管真空度应在 57.2 ~ 70.5 kPa 范围内，其波动范围，六缸机不超过 3.5 kPa，四缸机不超过(　　)。

A. 2.5 kPa　　B. 4 kPa

C. 5 kPa　　D. 6 kPa

2. 发动机修理竣工后要求主要使用性能指标中的最大功率和最大转矩不小于原厂规定的(　　)。

A. 75%　　B. 85%

C. 95%　　D. 90%

三、判断题

1. 发动机修理竣工要求加注的机油量、牌号及润滑脂要符合原厂规定。(　　)

2. 发动机修理竣工后的主要使用性能要求配气相位差不大于 5°。(　　)

3. 无负荷测功功率不小于额定值的 80%。(　　)

4. 发动机总成修理竣工技术条件是最低燃料消耗率不得低于原厂规定。(　　)

四、综合题

简述发动机总成修理竣工验收技术条件的一般技术要求。